RAINER SASS

NDR

KOCHSHOW

Vorwort

Das Team bei der Arbeit. Links im Bild der Regisseur Florian Kruck.

Es gibt einige Adjektive, mit denen man einen guten Koch beschreiben kann: leidenschaftlich, neugierig, flink, gewandt, kenntnisreich, abenteuerlustig, erfindungsreich, wagemutig. Rainer Sass ist all dies, doch in seiner Person vereint der Mensch und Fernsehkoch noch einige zusätzliche Eigenschaften. Rainer Sass kann auf Menschen zugehen, er kocht mit dem Smutje im U-Boot und mit dem Adeligen vor seinem Schloss.
Wir sind, was wir essen, und Rainer Sass achtet darauf, dass wir gut essen: In jeder Sendung erinnert er uns, wie wichtig frische und qualitativ hochwertige Zutaten sind. Labskaus, die Schwarzwälder Kirschtorte, der Hummer, das gegrillte Steak und der Käse aus Nordfriesland – für Rainer Sass haben alle Speisen ihre Berechtigung, nur gut müssen sie sein. Gegen Moden hat er etwas, und manches traditionelle Gericht ist aus der Mode gekommen. Dagegen tut er etwas in unseren Sendungen.
Seit Juni 1985 kocht Rainer Sass im NDR, zuerst bei NDR 2, seit 1989 auch im NDR Fernsehen. Mit dem roten Kochmobil der "Rainer Sass Kochshow" haben Rainer Sass und der NDR vor fünf Jahren eine neue Form gefunden, um unterhaltsames, erfolgreiches Fernsehen zu machen und zugleich jedem Zuschauer einen Blick in eine Welt zu zeigen, in die wir selten schauen können: in die Küche eines Spitzenrestaurants wie Henssler & Henssler in Hamburg, in die Kantine eines großen Keks-Herstellers in Hannover oder in die kulinarische Welt der Stadtreinigung Stade.
Wo Rainer Sass und das kleine rote Auto auftauchen, erkennen ihn die Zuschauer. Dabei ist der Koch ein scheuer und empfindsamer Mensch, das soll nur niemand wissen. Rainer Sass liebt gutes Handwerkszeug wie Messer und Töpfe, er schätzt sehr guten Wein, und die Produkte, über die er große Kenntnisse besitzt, sind ihm das Wichtigste. Das ist nicht abgehoben, Rainer Sass geht es um Respekt. Um Respekt vor dem, was wir essen. In Zeiten von Fertiggerichten und Schnellrestaurants verlernen wir das viel zu leicht. Gutes Essen ist nicht nur eine Frage der Lust, es ist auch eine Frage der Achtung vor sich selbst. In diesem Sinne wünsche ich Ihnen viel Freude beim Nachkochen der Rezepte.

Thomas Schreiber
NDR Fernsehen

23 Fragen an Rainer Sass

Fühlen Sie sich als Missionar in Sachen Ess- und Kochkultur?

Ja sicher, das sehe ich als meine Aufgabe! Und ich freue mich doch doll, wenn meine Tipps nachgeahmt werden. Das ist ja der Sinn seit zwanzig Jahren: den Leuten im Land ein Ratgeber zu sein, der ihnen leicht und locker...

... wie gute Klöße ...

Genau, aber eben handgemacht! – also, der ihnen Geschmack, kulinarisches Verhalten beibringt. Ich bin ja ein Qualitätsfanatiker. Das heißt: keine Billigprodukte! Meine Devise ist: „Augen auf beim Einkauf!" Das heißt, nicht das Billigste rausfischen, sondern Qualität, Frische. Nicht das Netz Zwiebeln für 69 Cent, und zu Hause sieht man, dass drei schon schlecht sind. Man muss sich Zeit nehmen beim Einkaufen. Überhaupt ist ein qualitätsbewusster Einkauf schon die halbe Miete für gutes Kochen. Und Qualität kann auch preiswert sein, es gibt auf jedem Markt gutes Gemüse, auch beim Türken um die Ecke.

Es gibt sie aber immer noch, die Angst des Deutschen vor Rezepten?

Der Deutsche hat grundsätzlich Angst vor Rezepten. Das ist so herrlich paradox: Der typische Fernsehkoch-Gucker sitzt mit einer Fastfood-Pizza vor einer herrlichen Kochsendung, kauft sich dann das Buch und denkt: Alles ist in Butter! Diese Schwelle will ich überwinden. Ich betrachte mich im besten Sinne als einen bürgernahen Volkskoch, ich gehe selbst noch einkaufen, stehe in der Kasse an der Schlange. Also, jede Wette, Lafer und Biolek wissen nicht, was ein halbes Pfund Butter kostet! Und mit dieser Nähe nimmt man auch die Angst weg. Das hat mit meiner Person zu tun – ich bin simpel, und die Gerichte sind ja auch einfach. Kein Brimborium!

Was fällt Ihnen beim Wort Dosenöffner ein?

Ahhh! Schreikrampf!

Und bei Nouvelle Cuisine?

Da werde ich schon nachdenklich. Die hat einfach unglaublich viel bewirkt, positiv wie negativ! Wir haben sie gebraucht, aber jetzt geht auch dort der Trend in Richtung regionale Küche. Ich hole mir Anregungen aus der Nouvelle Cuisine, aber ich mache keine Mousse aus südafrikanischen Artischockenböden!

Nennen Sie die wichtigsten Utensilien zum Kochen und Zutaten, die man immer im Kühlschrank haben sollte.

Erstens, zweitens und drittens: ein guter fester Topf (erkennt man daran, dass er teuer und schwer ist), eine gute Pfanne (gleiche Bedingungen wie beim Topf), anständige Messer, ein solides Holzbrett, gutes Besteck zum Arbeiten. Dann sind das A und O: selbstgekochte Brühe (Fleisch oder Gemüse), Butter, Schalotten, Knoblauch und Olivenöl.

Was treibt Sie bei der deutschen Gastronomie zur Verzweiflung?

Da ist unser Land ja zweigeteilt, und zwar nicht ost-westlich, sondern nord-südlich. Bis Kassel wird es beherrscht von dieser norddeutschen lustlosen, mittelmäßigen Küche! Das sind einfach lustlose Köche, die sich zu wenig Gedanken machen und viel zu wenig frische Ware verarbeiten. Die größte Sünde ist, dass gedankenlos und aus Bequemlichkeit so viel künstliche Geschmacksverstärker und Fertigprodukte benutzt werden, in der Gastronomie und auch privat.

Und wie sieht es in Supermärkten aus?

Also, von den Supermarkten in Italien bin ich begeistert, bellissimo! Aber bei uns ist es das alte Dilemma: zu viel Tiefkühlkost, zu wenig Frisches. Und dann dieser fürchterliche vorgeschnittene Aufschnitt und Käse, scheußlich! Das Allerschlimmste aber sind diese FertigtütensuppenWürzmischungen. Da wird mir übel, pfui Deibel! Leider sind wir hier auf dem Weg nach Amerika. Deutsche Esskultur ist eh schon sehr gering und durch diese vorgefertigten Nullachtfuffzehn-Sachen wird es noch niveauloser.

Worin unterscheiden sich Deutsche und Italiener beim Essen?

Der Italiener – und wahrscheinlich auch der Franzose – macht sich morgens Gedanken, was er mittags essen will. Der Deutsche guckt morgens, ob sein Auto gewaschen ist.

Ich dachte immer, dass Auto sei des Italieners Lieblingsspielzeug?

Nee, das ist ein Klischee der Medien. Gutes Essen ist für ihn das Wichtigste!

Warum hat Esskultur bei uns keinen höheren Stellenwert?
Das geht ja schon in der Schule los. Die Kinder machen Abitur, sind humanistisch oder naturwissenschaftlich gebildet, wissen aber null Komma nichts über Essen und Trinken und gute Ernährung. Deswegen mache ich ja auch Kindergerichte, beispielsweise den „Gegen-Burger". Mein Ziel ist, dass Eltern und Kinder Spaß an meiner Sendung haben und gemeinsam gucken.

Die größte Errungenschaft in deutschen Kochtöpfen in den letzten zwei Jahren?
Dass wir wieder viel mehr hiesige Kartoffelsorten haben, plötzlich historische regionale Gemüse neu entdecken, Teltower Rübchen, Pastinaken, Rote Beete – das finde ich prima!

Was bedeutet Kochen für Rainer Sass als Koch und als Mensch?
Das gehört alles zusammen! Beim Kochen kann ich wunderbar abschalten, das ist für mich die reinste Erholung! Eigentlich koche ich ja den ganzen Tag, ich beschäftige mich irgendwie ständig damit. Mir kommen auch laufend Ideen, beim Autofahren, Einkaufen, wo immer ich bin. Deswegen habe ich ständig Notizblocks bei mir. Und wenn mir nachts im Bett was einfällt, stehe ich auf und notiere es.

Wie viele Mahlzeiten gibt es bei Ihnen?
Ich habe viel Appetit, esse dreimal am Tag, warm am liebsten mittags. Ungern abends, man schmeckt am Tag ja viel besser, weil man nicht müde ist. Deswegen essen alle Michelin-Tester immer mittags.

Sie sollen auf eine einsame Insel, welche Lebensmittel würden Sie unbedingt mitnehmen?
Wasser, Olivenöl, Knoblauch, eventuell noch Mehl. Davon könnte ich mich ernähren.

Und wenn Sie richtig aussuchen dürften?
Dann wäre es edel und fein: Lammrücken, Kartoffeln und grüne Bohnen, das Ganze gekrönt von einem großen Rotwein.

Was würden Sie sich als Henkersmahlzeit bestellen?
Nur großen Rotwein. Basta!

Was halten Sie von Kanzlern, Ministern und Bundespräsidenten, die vor laufenden Kameras stets in Schnitzel und Currywürste beißen?

Nicht sehr originell, aber auch das kann Esskultur sein. Ich wäre ja schon froh, wenn ein Landgasthaus so etwas einigermaßen frisch und gut hinkriegen würde! Und wenn es dazu noch selbstgemachten Kartoffelsalat gäbe, wäre die Welt in Ordnung.

Das Gegenteil ist die neue Exotismus-Welle, allen voran die asiatische Küche, Sushi und Co.

Gutes Sushi ist toll und hat absolut seine Berechtigung. Aber wir sollten uns lieber mal wieder um eine deftige Kohlroulade und richtig gute Königsberger Klopse kümmern. Die Balance zwischen beidem, die muss stimmen.

In früheren Zeiten waren Köche Künstler, am Hofe Ludwig XIV. besaß der Leibkoch Vatel einen hohen Stellenwert. Wie ist das heute?

Es gibt schon Anerkennung, denken Sie an berühmte Sterne-Köche – oder an Fernsehköche! Aber der Stellenwert könnte ruhig noch höher sein.

Also könnten die Friseure von den Köchen abgelöst werden ?

Sie sagen es!

Wann haben Sie eigentlich den Spaß am Kochen entdeckt?

Ich habe schon als kleiner Junge Mamas Suppen verfeinert, weil die mir nicht lecker genug waren.

Und Mama hat Sie machen lassen?

Ja, die fand das gut! Also, es wurde mir in die Wiege gelegt. Ich glaube sowieso: Entweder ist man ein Genussmensch oder man ist keiner! Das kann man nicht lernen, man kann sich nur genüsslich steigern. So war es bei mir und jetzt helfe ich anderen dabei.

Regisseur Florian Kruck

Gekochter Oktopus **Florian Kruck**

Zutaten:

1 Oktopus (ca. 1 Kg)
3 l Wasser
1 Zwiebel
Meersalz
½ unbehandelte Zitrone
1 großes Lorbeerblatt
1 Knoblauchzehe mit Schale, angedrückt
1 Stück Stangensellerie
Olivenöl „extra vergine"
Meersalz
Zitronensaft

Fangfrischer Oktopus (Krake) gehört mit seinem süßlichen – nach Hummer schmeckenden Fleisch zu den Lieblingsspeisen der Griechen, Spanier und Süditaliener. In Deutschland wird der Oktopus meist als Tiefkühlware oder „frisch aufgetaut" angeboten.
Der Oktopus (Krake) ist, wenn er in den Handel kommt, ausgenommen und muss nur noch unter fließend kalten Wasser gut abwaschen werden. Vor dem Kochen, die Haut mit einem scharfen Messer am Kopf und entlang der Arme leicht einritzen. Mit Geduld und etwas Geschick kann man die Haut am Kopf und am oberen Teil der Arme schon vor dem Kochen abziehen, muss aber nicht sein.
Einen großen Topf mit Wasser zum Kochen bringen. Zwiebel, Sellerie, Zitrone, Lorbeerblatt und Knoblauchzehe dazugeben. Mit reichlich Meersalz würzen. Den Oktopus in den Topf legen und bei kleiner Hitze ca. 30 bis 45 Minuten leise köcheln. Zwischendurch von den dicken Teilen der Arme kleine Stücke abschneiden und testen, ob der Oktopus gar ist. Das Fleisch sollte weich und saftig sein (auf keinen Fall „gummiartig", wie Krake oft in Meeresfrüchtesalaten angeboten wird).
Den Oktopus aus dem Kochwasser nehmen und etwas abkühlen lassen. Die bräunliche Haut nach Belieben abziehen, dabei aber nicht die Saugnäpfe zerstören.
Den Kopf in Scheiben schneiden, die Arme in nicht zu kleine Stücke.

Die lauwarmen Oktopusstücke auf einen Teller geben, mit etwas Meersalz bestreuen dann mit Olivenöl und einem Spritzer Zitronensaft beträufeln.

Variationen:
1.Die Oktopusstücke mit Olivenöl, Zitronensaft, Frühlingszwiebeln, Petersilie, Meersalz, gemörstem Pfeffer und einem Hauch gehackten Knoblauch würzen.

2.Gekochte Oktopusarme (im Ganzen) in der Pfanne kurz und scharf in Olivenöl anbraten (oder auf den Grill legen) und mit einem Spritzer Balsamicoessig und etwas Meersalz servieren.

Zu allen Gerichten schmeckt frisches, knuspriges Weißbrot, am besten Baguette.

Rezeptverzeichnis

Niedersachsen

Hamburg

Andere Ziele

Schleswig-Holstein

Index

Niedersachsen

Reiseziele | Rezepte

Reiseziele	Rezepte	

Reiseziele

Rezepte

Schleswig-Holstein

Reiseziele

Rezepte

Gemüsebauer Thorsten Haak und Tochter Rebecca aus Otterndorf.

Niedersachsen

Die Basis aller Qualität ist der Mensch. Regionalität ist daher das Zauberwort der neuen Kochkunst. Sie besinnt sich auf den Reichtum der Produkte in der Region, erweckt die Tugenden der heimischen Küche wieder und verquickt Tradition mit Trends. Der neue Luxus heißt: Frische und Unverfälschtheit, die Spezialitäten einer Region als Schätze erkennen. Menschen wie der Gemüsebauer Thorsten Haak aus Otterndorf sorgen in ihrer täglichen Arbeit dafür. Je kürzer der Weg vom Erzeuger zum Kochtopf ist, umso besser wird das Gericht.

Krabbensalat Rainer Sass

Zutaten:

200 g Krabbenfleisch
1 Suppenbund
$\frac{1}{2}$ Bund Petersilie
1 EL Olivenöl
1 EL Weißwein oder Balsamicoessig

Das Suppenbund putzen und in klitzekleine Würfel schneiden (Krabbengröße), in Olivenöl andünsten, mit etwas Wasser ablöschen und 3–4 Minuten gar dünsten. Danach kühl abschrecken und mit dem Krabbenfleisch, klein gehackter Petersilie, Öl und Essig verrühren.
Ein leckerer Krabbensalat, mal nicht dick und fett, der auf Brötchen mit etwas Crème fraîche sehr lecker schmeckt.

Rainers Tipp: 600 Quadratmeter Badelandschaft im Hotel Sternhagen – einen Besuch wert! Adresse -> S. 250

Steinbeißer im Brickteig auf Wok-Gemüse und Limonensauce

Markus Kebschull

Zutaten:

Steinbeißer
Limonensaft
Mangold
Tandoori
Brickteig
Sprossen
Shiitakepilze
Sojasauce
Mango-Chutney (aus dem Asia-Shop)
Möhrenstreifen
Lauchstreifen
Zucchinistreifen
Fenchelstreifen
Chinakohlstreifen
Koriander
Curry
Sesamkörner
Mirin
Zucker
Limonensaft
Weißwein
Crème fraîche
Vanilleschote

Das portionierte Steinbeißerfilet (je nach Appetit 150–180 g) mit Limonensaft, Salz, Pfeffer und Tandooripaste würzen. In blanchiertem Mangold einwickeln. Dann in Erdnussöl von allen Seiten knusprig braten. Derweil den Wok sehr hoch erhitzen. Die Gemüse in Erdnussöl im Wok unter ständigem Rühren garen. Mit Korianderblättern, Curry, Sojasauce, Mirin und Sesamkörnern würzen.
Für die Sauce lässt man etwas braunen Rohrzucker in einem Topf karamellisieren und löscht mit Limonensaft und Weißwein ab. Etwa eine Messerspitze Vanillemark dazugeben, um ein Drittel reduzieren. Crème fraîche dazugeben, aufkochen, mit einem Löffel Mango-Chutney abschmecken.
Das Wok-Gemüse in die Mitte des Tellers geben, Steinbeißer darauflegen, mit der Sauce umgießen. Etwas gerösteten Sesam und Korianderblätter darüber streuen.

Gratinierter Ziegenkäse Rainer Sass

Zutaten:

Ziegenkäse
hauchdünnen durchwachsenen Speck
hauchdünnen grünen Speck (frisch geräuchert)
Rosmarinnadeln
Lavendelhonig
festkochende Kartoffeln in Scheiben
Olivenöl, Wasser
Meersalz

Ziegenkäse in mundgerechte Scheiben schneiden, in Speck einwickeln, wahlweise durchwachsener oder frischer Speck, und für 5–6 Minuten in den 200 Grad heißen Backofen geben. Zum Schluss 1 Minute den Grill anstellen, so bekommt man eine schönere Farbe. Die Kartoffeln in Scheiben schneiden, mit Olivenöl-Wasser-Mischung (auf 1 Tasse Wasser 1 EL Olivenöl) bedecken, salzen und gar kochen (6–7 Minuten). Auf einen Teller geben, den duftenden, leicht zerlaufenen Käse darauf, hauchfein Rosmarin dazugeben und mit Rotwein verputzen. Wer es süßer möchte, löffelt über den heißen Ziegenkäse (auch ohne Speck möglich) etwas Lavendelhonig und Rosmarinnadeln – auch fein.

Geschmorte Ziegenkeule Rainer Sass

Zutaten:

1 Ziegenkeule, 1,5–2,0 kg
1 Dose Tomaten ohne Saft
4 Schalotten
2 Knoblauchzehen
20 schwarze Oliven, entsteint
1 Strauch frische Kräuter: je 1 Zweiglein Thymian, Rosmarin, Salbei
0,5 l Rotwein, bevorzugt Chianti
0,5 l Brühe
Salz, Pfeffer, Olivenöl

Ziegenkeule vom Fett befreien, in mundgerechte Würfel schneiden, salzen und pfeffern. In Olivenöl von allen Seiten anbraten, Tomatenfleisch, Schalotten, Knoblauch und Oliven dazugeben, mit Wein und Brühe ablöschen, Kräuter waschen und dazugeben. Bei geschlossenem Deckel und mittlerer Hitze 1 Stunde köcheln lassen, dann mit neuen Kartoffeln, Reis oder Baguette servieren.

Rainers Tipp: **Bester Ziegenkäse Deutschlands!**
Adresse Ziegenhof Bachenbruch **-> S. 251**

Lammfleisch-Sandwich Rainer Sass

Zutaten für 4 Sandwiches:

400 g Lammfleisch aus der Keule
Thymian
Rosmarin
Olivenöl
Fleisch von 2 Tomaten
Senf
Salatblätter
Oliven, entkernt und klein geschnitten

Für die Aioli:
15 Knoblauchzehen
2 Eigelb
Saft einer halben Zitrone
etwas Pfeffer, Salz
3–5 EL Olivenöl

Lammkeulenfleisch salzen, pfeffern und mit Thymian, Rosmarin und Olivenöl einreiben. Dann in einer schweren Pfanne in Olivenöl von allen Seiten anbraten und für 50 Minuten bei 180 Grad in den Backofen geben. Erkalten lassen und aufschneiden.
Für die Aioli alle Zutaten im Mörser langsam und behutsam zermörsen. Olivenöl nach und nach zur Ei-Knobi-Masse geben – Menge je nach Konsistenz des Eigelbs – und mit etwas Pfeffer, Salz und Zitronensaft abschmecken.
Kastenweizenbrot mit Aioli bestreichen. Lammfleisch, Senf, Oliven, Tomaten, Salatblatt darauf und reinbeißen.

Schellfisch mit Senfbutter und Blattspinat

Rüdiger König

Zutaten für 4 Sandwiches:

4 Stück Schellfisch (der Länge nach filetiert)
1 Glas (200 g) Dijon- oder Löwensenf
200 g Butter
200 g Magerjoghurt

Die Fischfilets in eine gebutterte Form legen und mit Folie abdecken. Die Butter zerschmelzen lassen. Senf und Magerjoghurt in einen kleinen Topf geben und verrühren, danach die zerlassene Butter unterrühren. Den Schellfisch in den auf 150 Grad vorgeheizten Ofen schieben, ca. 25 Minuten gehen lassen.
Die Sauce auf ca. 60–80 Grad erwärmen. Den Schellfisch in der Form servieren, die Sauce extra dazu reichen. Als Beilage Spinat und kleine gekochte Kartoffeln reichen.
Guten Appetit wünscht Rainer Sass!

Grüner Spargelsalat mit Flusskrebsschwänzen, Safransauce und Dill

Rüdiger König im Grashoff in Bremen

Zutaten:

500 g grüner Spargel
250 g Flusskrebsschwänze
1 Bund Dill
Salz, Pfeffer

Für die Safransauce:
300 g Mayonnaise
175 g Joghurt
15 g Zucker
8 g Salz
2 g Pfeffer
0,1 g Safran
Cayennepfeffer

Spargel nur ein Drittel von unten abschälen und in kochendem Wasser abblanchieren, in kleine Stücke schneiden auf vier Teller verteilen.
Für die Safransauce alle Zutaten in eine Schüssel geben und verrühren.
Die Flusskrebsschwänze auf dem Spargel verteilen und mit etwas Sauce übergießen. Zum Schluss mit Dill garnieren.

Rainers Tipp: **Das Grashoff ist das beste Feinkostgeschäft Deutschlands – ein Muss für jeden Feinschmecker! Adresse -> S. 251. Und wenn Sie schon in Bremen sind: Die Bratwurst am Marktplatz ist auch okay.**

Grashoff -> S. 24/25

LISAUCE
GELEE-EXTRA
UTORANGE
MIT WHISKY
APFEL-BALSAM
DAS BESTE FÜR IHREN SALAT
350ml
COGNAC
VIEILLE SELECTION SPECIALE
70cl

Taube im eigenen Saft **Rainer Sass**

Zutaten (für 2 Personen):

2 Tauben, küchenfertig
Salz, Pfeffer, etwas Zitrone
1 Strauch Rosmarin
2 Knoblauchzehen
Olivenöl
0,5 l brauner Geflügelfond
1 Kapsel Safran
1 EL Balsamicoessig

Für braunen Geflügelfond:
2 kg Geflügelknochen, Hälse und Mägen
2 Wurzeln
1 Stange Lauch
300 g Knollensellerie
1 Zwiebel
je 1 TL getrockneter Thymian und Rosmarin
1 ungeschälte Knoblauchzehe
10 Pfefferkörner
1 Lorbeerblatt
4 Wacholderbeeren
Öl zum Anbraten
0,7 l Rotwein
1 EL Tomatenmark
Wasser zum Aufgießen

Die Knochen fein hacken, Mägen vom Fett befreien, Gemüse grob würfeln. In Olivenöl in einem großen Topf oder Bratreine anbraten, Gemüse zugeben und mit Tomatenmark leicht weiter rösten lassen. Mit Rotwein ablöschen und mit Wasser aufgießen, sodass die Knochen bedeckt sind. Sämtliche Gewürze zugeben. Alles 2 Stunden köcheln lassen. Dann durch ein Sieb passieren.
Tauben halbieren, dazu am Brustknochen jeweils die Taubenhälfte mit Schenkel und Flügel von der Karkasse (Knochengerüst) lösen. Salzen und pfeffern und in Olivenöl von beiden Seiten scharf anbraten. Knoblauch und Rosmarin als Aromageber dazu legen und die Taubenhälften noch je Seite 4–5 Minuten bei kleiner Hitze braten lassen. Den Geflügelfond auf die Hälfte reduzieren, mit Safran, Balsamicoessig, Salz, Pfeffer und Zitrone würzen und mit den Taubenhälften servieren.
Guten Appetit wünscht Rainer Sass!

Ungarischer Geflügeltopf

Janosh von Böethy

Zutaten (für 2 Personen):

filetierte Brust (2 Stücke) von einer Poularde
1 TL Paprikapulver
Salz und Pfeffer
1 Prise Kümmel
2–3 EL Öl
geschälte und gewürfelte Kartoffeln nach Bedarf
1 Bund Petersilie, klein gehackt

Das Fleisch in große Würfel schneiden. Salz, Pfeffer, Kümmel und Paprika vermischen und in die Fleischwürfel einmassieren. Öl erwärmen, nicht zu heiß, und das Fleisch unter ständigem Rühren etwa 3–5 Minuten langsam anbraten. Die gekochten Kartoffelwürfel dazugeben, zusammen fertig braten. Gehackte Petersilie dazugeben und nach Bedarf salzen.

Rainers Tipp: **Unerlässlich ist freilaufendes Geflügel. Unbedingt das Taubenrezept nachkochen – meine Lieblingsspeise!**

Feines Apfelmus **Rainer Sass**

Zutaten:

4 säuerliche Äpfel
1 große Haushaltszwiebel
1 Chilischote
1 Stange Zimt
1 kleines Stück Ingwer, haselnussgroß
0,2 l trockener Weißwein (Riesling)
etwas Butter

Äpfel schälen, entkernen und in mundgerechte Stücke schneiden. Zwiebel in Lamellen schneiden und beides in Butter andünsten und mit Weißwein ablöschen. Als Aromageber eine halbierte Chilischote ohne Kerne, ein Stück Ingwer und Zimt dazu geben. Alles bei kleiner Hitze 10–15 Minuten bei offenem Deckel köcheln lassen. Dann Chili, Ingwer und Zimtstange entfernen und servieren.

Feines Apfelgratin **Rainer Sass**

Zutaten:

5 säuerliche Äpfel (Boskop)
1 Becher Crème fraîche (150 g)
1 Becher süße Sahne (250 g)
100 g Walnusskerne, gehackt
Zitronensaft
Butter zum Ausbuttern der Form

Zubehör:
Gratinform mit flachem Rand

Äpfel schälen, entkernen und in Scheiben schneiden. Gratinform mit Butter auspinseln. Crème fraîche mit süßer Sahne verrühren. Die Apfelscheiben schuppenartig in die Gratinform legen, mit Zitronensaft beträufeln. Über die erste Schicht Äpfel die gehackten Walnusskerne streuen. Erneut eine Apfelschicht darauf, wieder mit Zitrone säuern und die restlichen Walnusskerne darüber streuen. Alles mit der etwas festen Crème-fraîche-Sahne-Mischung begießen. Mit Butterflocken besetzen und für 20–25 Minuten in den vorgeheizten Backofen (200 Grad Umluft ohne Grill) schieben. Die Crème-fraîche-Sahne-Mischung stockt, umhüllt alle Apfelscheiben und verbindet alles zu einem leckeren Gratin.
Aus dem Ofen nehmen, leicht auskühlen lassen und zu Wild, Geflügel oder solo – lauwarm als Dessert – servieren.

Gefüllter Apfel **Rainer Sass**

Zutaten für 4 Personen:

4 Äpfel
4 Dominosteine

Äpfel aushöhlen und mit Dominosteinen füllen, für 15 Minuten in den 180 Grad heißen Backofen schieben.
Guten Appetit wünscht Rainer Sass!

Rainers Tipp: **Machen Sie mit: Essen Sie auch nur Äpfel aus dem Alten Land. Der Apfelhof Ramdohr hat auch alle anderen Altländer Früchte im Angebot. Kirschen, Zwetschen, Birnen… Adresse -> S. 251**

Apfelmus

Tomaten-Sugo Rainer Sass

Zutaten:
1 Dose Tomaten, geschält
Chilischoten, scharf, in kleine Würfel geschnitten
3 EL Olivenöl
2 Knoblauchzehen, in Würfel geschnitten
1 TL Thymian, Rosmarin, Tomatenmark
$1/2$ Bund Petersilie, fein gehackt
1 Prise Zucker
Pfeffer und Salz
getoastete Baguettescheiben

Zwiebeln und Knoblauch in Olivenöl dünsten, Tomaten, Tomatenmark und Chilischoten dazugeben, 20 Minuten köcheln, mit den Kräutern, Zucker, Pfeffer und Salz abschmecken.
Guten Appetit wünscht Rainer Sass!

Tagliatelle mit Steinpilzen und Fasanenbrust

Christian Schmidt

Zutaten (für 4 Personen):

500 g Hartweizengrieß
4 ganze Eier
1 Prise Salz

Für die Sauce:
2 Fasanenbrüste
250 g frische, getrocknete oder gefrorene Steinpilze
5 Schalotten, gehackt
etwas glatte Petersilie, gehackt
$1/2$ l Sahne
etwas Weißwein, trocken, nach Geschmack
Pfeffer und Salz

Zutaten zu einem glatten Teig verarbeiten, durch eine Nudelpresse geben und kochen. Schalotten und Fasanenbrüste anbraten, Steinpilze dazugeben, mit Sahne und Wein auffüllen, Petersilie untermischen, mit Salz und Pfeffer abschmecken.

Ravioli mit Meeresfrüchten Christian Schmidt

Zutaten (für 4 Personen):

225 g Weizenmehl, Typ 550
225 g Hartweizengrieß
4 ganze Eier
1 Prise Salz

Für die Füllung:
350 g Ricotta
8 große Scampis mit Kopf und Schale
4 Scampis für die Dekoration
200 g frisches Lachsfilet
8 Scheiben Räucherlachs
2 Knoblauchzehen
6 Schalotten gehackt
1 Bund glatte Petersilie, gehackt
2 Eigelb
Pfeffer und Salz
etwas Cayennepfeffer

Für die Sauce:
$^3/_4$ l Fischfond
$^1/_4$ l Sahne
$^1/_4$ l Weißwein, trocken
1 TL Safranfäden
Pfeffer und Salz

Mehl und Hartweizengrieß mischen und mit den Eiern zu einem glatten Teig verarbeiten, dünn ausrollen. Eine Hälfte mit der Füllung belegen, zweite Hälfte darüberklappen und in Raviolitaschen teilen. In heißem Wasser gar ziehen lassen.
4 Scampis aus der Schale pulen. Lachsfilet und Räucherlachs in Stücke zerteilen. Knoblauchzehen und Schalotten anbraten, Lachsstücke und Scampis dazugeben und kurz mitbraten. Die Mischung, Eigelb, Petersilie mit dem Ricotta verrühren, Petersilie untermischen und mit Pfeffer und Salz abschmecken. Fischfond, Sahne und Weißwein auf die Hälfte einkochen lassen, Safranfäden untermischen, mit etwas Mehl und Butter leicht binden, mit Salz und Pfeffer abschmecken.

Rainers Tipp: **Bei gutem Wetter unbedingt im feinen, schnuckeligen Sommergarten sitzen. Dazu Pasta von Christian Schmidt, was will man mehr? Restaurant Knechthausen.** **Adresse -> S. 251**

Lachsspieße Rainer Sass

Zutaten:

200 g Lachsfilet ohne Gräten und Haut
1/4 frische Ananas
16 Scampis
1 Chilischote, mittelscharf
Paprikapulver
Cayennepfeffer
Salz
Olivenöl

Für die Vinaigrette:
2 Tomaten
1/2 Topf Basilikum
3 EL Olivenöl
2 EL Balsamicoessig

Lachsfilet und frische Ananas in mundgerechte Stücke schneiden. Lachs salzen, Scampis von der Schale und dem Darm befreien. Chilischoten ohne Kerne in feine Streifen schneiden. Nun nacheinander Lachs, Ananas, Scampis und Chili auf einen Schaschlikspieß spießen. Mit Cayennepfeffer und Paprikapulver würzen, dann in einer beschichteten Pfanne in etwas Olivenöl 5–6 Minuten braten und mit der Vinaigrette servieren.
Die Tomaten enthäuten, entkernen und fein würfeln. Mit Olivenöl, Balsamicoessig und frischem gehacktem Basilikum verrühren.
Guten Appetit wünscht Rainer Sass!

Lebkuchen-Parfait mit Schoko-Karamell-Sauce

Axel Leysieffer

Zutaten:

300 g Sahne
150 g Honig
3 Eigelb
0,3 cl Rum
1 Vanilleschote
10 g Walnüsse
50 g Lebkuchen
1 Messerspitze Zimt
150 g Zucker
150 g Sahne
20 g Butter
20 g Kuvertüre 99 %

Die Sahne schlagen und den Honig unterarbeiten. Das Eigelb aufschlagen, danach den Zimt, die ausgeschabte Vanille und den Rum zufügen. Die grob gehackten Walnüsse sowie den zerbröselten Lebkuchen unterheben. Die Eigelbmasse unter die Sahne heben und in eine Form füllen, danach einfrieren. Für die Sauce den Zucker karamellisieren, die flüssige Sahne zufügen, Butter zugeben. Wenn sich alles aufgelöst hat, die flüssige Kuvertüre dazugeben und mit einem Schneebesen durchrühren.

Rainers Tipp: Die Chili- und Salzschokoladen von Leysieffer sind einfach köstlich! Eine Filiale in Ihrer Nähe finden sie im Netz bei www.leysieffer.de oder telefonisch unter 05 41 - 9 14 20.

KÖNIGLICHEN
DIE EXTRA HERBEN
KLEINE
FEINE
GANACHE
CAPPUCCINO
SAHNE
TRÜFFEL
Die Himmlischen®
DAS
FANTASTISCHE
VOLLMILCH
SAHNE-PRALINÉ
ESPRESSO
SAHNE
TRÜFFEL

Leysieffer-Schokolade -> S.34/35

Vierländer Ente mit Sternanis und Zimt gebraten mit Apfel-Ingwer-Sauce

Hans Sobotka

Zutaten (für 4 Personen):

2 frische Enten (ca. 2,2 kg)
4 Stück Sternanis
1 Stange Zimt
Salz, Pfeffer aus der Mühle
10 g Ingwer
2 Apfel
Öl
Butter
$1/2$ l Entenfond
$1/4$ l Portwein

Die Enten mit dem Sternanis, Zimt und den Ingwerschalen gut einreiben. In eine Schüssel legen, mit Öl bestreichen und zugedeckt 2 Tage kaltstellen. Öl in einem Bräter erhitzen und die mit Pfeffer und Salz gewürzten Enten von jeder Seite 5 Minuten braten. Im vorgeheizten Backofen bei 200 Grad ca. 60–70 Minuten braten.
Für die Sauce die Apfel schälen, in 2 cm dicke Würfel schneiden und den klein gehackten Ingwer in Butter anschwitzen. Mit Portwein ablöschen und sirupartig einkochen lassen. Entenfond zufügen, reduzieren lassen. Die Sauce mit 20 g kalter Butter montieren.

Rainers Tipp: **Klassisch-traditionsreiche gute Küche im Entenfang. Auch das Zweitrestaurant „Palio" besuchen: italienische Köstlichkeiten für jeden!**
Adresse -> S. 250

Vierländer Ente -> S. 38

Kürbisgemüse und Rosenkohlblätter Hans Sobotka

Zutaten:

4 Minikürbisse (Patissons)
250 g Muskatkürbis, in Rauten geschnitten
100 g Sahne
400 g Rosenkohl (geputzt und in Blätter blanchiert)
1 kg Rosenkohl
1/2 Becher süße Sahne
80 g durchwachsener Speck
Butter, Salz, Pfeffer, Muskat

Von den Minikürbissen einen Deckel abschneiden, aushöhlen, in Salzwasser 2 Minuten blanchieren, Sahne auf die Hälfte einkochen lassen, Kürbisrauten zufügen, salzen. Die Rauten in den warmen Kürbis füllen, Deckel auflegen. Die Rosenkohlblätter in Butter schwenken, mit Salz und Muskat würzen. Rosenkohl in einzelne Blätter zupfen und durchwachsenen Speck in klitzekleine Würfel schneiden. Die Kohlblätter dazu, Sahne aufgießen und mit Salz, Pfeffer und Muskat abschmecken. Der Garvorgang dauert höchsten 2–3 Minuten. Als Einzelblatt entfaltet der Rosenkohl seinen wahren Geschmack – nicht bitter, nicht halbgar innen.

Semmelknödel mit Maronen Hans Sobotka

Zutaten:

5 altbackene Brötchen, gewürfelt
60 g Butter
40 g Schalotten
2 Eier
Salz
3 EL gehackte Petersilie
8 Maronen
200 ml Milch

Brötchenwürfel würzen, Milch und Eier verquirlen, über die Brötchenmasse verteilen, gut durchmischen und ziehen lassen. Schalotten in Butter anschwitzen, Petersilie dazugeben und nochmals ziehen lassen. Gleichmäßige Knödel formen, in die Mitte eine Marone geben und in Salzwasser langsam ziehen lassen.

Die Vierländer Ente anrichten:
Die Enten auf eine Platte geben, mit gefüllten Minikürbissen und Rosenkohlblättern anrichten. Die Sauce und die Semmelknödel extra dazu servieren.

Kartoffelrahmsuppe **Rainer Sass**

Zutaten:

1 kg mehlig kochende Kartoffeln
(Hansa, Grata, Leila)
1–1½ l Fleischbrühe
2 Becher süße Sahne à 250 g
Muskat
Salz, etwas Butter, Olivenöl

Kartoffeln schälen, in Salzwasser kochen, abseihen und im Mixer mit Brühe aufmixen. In einen Topf geben, Sahne dazu und – wer möchte – mit etwas Butter, Salz und Muskat abschmecken und erhitzen, aber vorsichtig, es brennt schnell an. Wer die Suppe leichter möchte, nimmt einfach weniger Sahne und mehr Brühe. 1–1½ l Brühe müsste ausreichen – die Suppe hat dann eine sämige Konsistenz. Suppe auf einem Teller servieren und mit einem feinen Strahl Olivenöl krönen.

Rainers Tipp: **Keine Angst vor Wildgerichten! Sie sind fettarm, gut verdaulich und billiger, als man denkt.**

Medaillons vom Uetzer Rehrücken mit schwarzen Nüssen und Selleriepüree in Portweinsauce

Ingo Bockler

Zutaten:

8 Rehmedaillons zu je 60 g
Butterschmalz zum Braten
Salz, Pfeffer
1 Rosmarinzweig
8 Scheiben schwarze Nüsse im eigenen Sud

Für die Portweinsauce:
0,2 l Rehjus
40 g Schalottenscheiben
20 g Butter
0,5 l Portwein
0,05 l Rotwein, trocken

Für die Teltower Rübchen:
6 kleine Teltower Rübchen (ca. 300–350 g)
10 g Butter
Salz
Zucker
Wasser

Für das Selleriepüree:
450 g Sellerie (Knolle)
120 g Butter (nicht zu kalt und nicht zu weich)
Salz
Zucker
Zitronensaft
1 EL geschlagene Sahne
ca. 0,4 l Wasser

Die Rehmedaillons würzen und in heißem Butterschmalz kurz und kräftig von beiden Seiten anbraten. In eine Pfanne umsetzen, den Rosmarinzweig hinzugeben und im Backofen bei 220 Grad ca. 4–5 Minuten garen. Herausnehmen, in eine feuerfeste Form setzen, die Pumpernickelkruste gleichmäßig dünn auf die Medaillons verteilen und unterm Salamander kurz knusprig überbacken. In der Zwischenzeit die Beilagen erhitzen, die schwarzen Nüsse im eigenen Sud erwärmen und die Sauce abschmecken. Pro Portion zwei Rehmedaillons auf die Rübchen in die Tellermitte geben, eine Nocke Selleriepüree ansetzen. Links und rechts des Pürees je eine Scheibe der schwarzen Nüsse und die Sauce angießen.
Schalottenscheiben in der Butter anschwitzen und mit dem Portwein und Rotwein auffüllen. Zur Hälfte einkochen, passieren und mit dem Rehjus auffüllen. Zur gewünschten Konsistenz einkochen.
Rüben schälen, mit dem Zestenreißer fünf Kerben längsseitig hineinziehen und mit dem Messer (oder Hobel) in 3 mm dicke Scheiben schneiden. Mit ganz wenig Wasser, Butter, Salz und Zucker nicht zu weich dünsten.
Wasser aufkochen und kräftig mit Salz, Zucker und Zitronensaft abschmecken. Den geschälten Sellerie grob würfeln und in dem Wasser weiterkochen. In der Zwischenzeit eine Spätzle oder Kartoffelpresse mit einem dünnen, passenden Tuch auslegen. Den Sellerie auf ein Sieb abseihen, portionsweise in die Presse geben und sehr kräftig auspressen. Anschließend in der Moulinette mixen. Dabei die Butter nach und nach hinzugeben. Nun durch ein Sieb streichen und abschmecken. Entweder war man schnell genug oder man kann jetzt die geschlagene Sahne unterheben, abschmecken und mit zwei Löffeln Nocken portionieren. Oder man erhitzt das Püree, bevor die Sahne untergehoben wird, noch einmal vorsichtig im Topf.

Rehrücken -> S. 43

Grünkohlsuppe Rainer Sass

Zutaten:

1 Beutel frischer Grünkohl
1 Zwiebel
4 Möhren
$^1/_4$ Sellerie
5 Kartoffelknollen, fest kochend, mittelgroß, in Würfeln
500 g Kasselerbauch
300 g Brät von der Kalbsbratwurst oder von grober Bratwurst
Salz, Pfeffer
etwas Senf (2 TL)
Hauch Zucker
Schmalz
Wasser

Den Grünkohl entstrunken und in mundgerechte Stücke zupfen, Wurzeln, Sellerie schälen und in kleine Würfel schneiden, Zwiebel würfeln. Grünkohl, Möhren, Zwiebel und Sellerie in etwas Schmalz andünsten, mit 2,5 l Wasser ablöschen. Kasselerbauch und Fleischknochen dazu geben und alles bei offenem Deckel aufkochen lassen. Wenn sich Schaum bildet, auf mittlere Hitze schalten und alles bei geschlossenem Deckel 1 Stunde leise köcheln lassen. Dann die Kartoffelwürfel dazu geben, Kasselerbauch in mundgerechte Stücke schneiden und aus der Bratwurstmasse kleine Kugeln formen. Alles nochmals mindestens 15 Minuten köcheln lassen, bis die Kartoffeln gar sind. Dann mit Salz, Senf und Zucker abschmecken.

Grünkohlgemüse mit Kasseler und Senfsauce

Rainer Sass

Zutaten für 4 Personen:

1 Beutel Grünkohl
Muskat
Butter
4 Kasseler Koteletts
1 Becher Joghurt
1,5 EL scharfer Senf
30 g Butter
kleine Kartoffeln
Zucker

Als kurz geschmortes Gemüse schmeckt Grünkohl vorzüglich. Es ist nicht fett, schnell zubereitet und eine ideale Beilage für Kurzgebratenes. Dazu den Grünkohl putzen und die Blätter in kochendem Salzwasser 3–4 Minuten abblanchieren. In eine Pfanne mit Butter geben, Muskat, Salz und Pfeffer als Würze dazu geben und 5–6 Minuten dünsten.
Kasseler Koteletts mit Pfeffer und einem Hauch Salz würzen und in einer Pfanne je Seite 5 Minuten braten.
Für die Senfsauce einfach Joghurt, Senf und Butter in einen Stieltopf geben und erhitzen, dabei alles gut verrühren – vorsichtig, die Sauce darf nicht kochen, sonst flockt sie aus.
Dazu passen kleine Pellkartoffeln: Gepellt in einer Pfanne schwenken und mit Zucker glasieren, Kartoffeln ständig bewegen.
Grünkohl einmal anders – und lecker. Dazu passt ein Bier oder leichter Rotwein aus Baden.
Guten Appetit wünscht Rainer Sass!

Rainers Tipp: **Der Bauer Thorsten Haak hat einen wunderbaren Gemüsestand immer mittwochs und samstags in Cuxhaven!**

Grünkohlsuppe -> S. 46

Lachs gebeizt mit Rösti Rainer Sass

Zutaten:

1 Lachsseite mit Haut
1 Bund Basilikum
10 Pfefferkörner
10 Korianderkörner
50 g Meersalz, grob
30 g brauner Zucker
1 EL Olivenöl
Feldsalat

Die Lachsseite von allen Gräten befreien. Mit Salz, Zucker, gemörsertem schwarzen Pfeffer und zerstoßenem Koriander sowie klein gehackten Basilikumblättern bestreuen, mit Öl befeuchten und in Folie verpacken. Zwei Tage lang mit Holzbrettern und Terrinenformen beschwert im Kühlschrank marinieren lassen. Dann aufschneiden und mit Feldsalat und Rösti servieren.

Rösti Rainer Sass

Zutaten:

4 große Kartoffeln, fest kochend
1 TL Speisestärke
1 Ei
1 TL getrockneter Thymian
Salz, Pfeffer
Butter

Die Kartoffeln schälen und mit einer Reibe in feine Streifen hobeln. Mit Thymian, Salz und Pfeffer würzen. Ei und Speisestärke beigeben. Alles gut vermengen und sofort in einer beschichteten Pfanne in etwas Butter ausbacken.

Lachs gebeizt mit grünem Spargel Rainer Sass

Ein idealer Begleiter zum gebeizten Lachs ist grüner Spargel. Den Spargel am Ende schälen und zusammengebunden in Salzwasser gar kochen. Danach auf eine Platte geben und mit brauner Butter begießen. Und dazu passt eben nur gebeizter Lachs mit etwas Champagner.

Rainers Tipp: **Immer ein verlässlicher Partner in Sachen Party: Waida Partyservice.**
Adresse -> S. 251

Wirsing-Lachs-Roulade mit Rieslingschaum

Rhett Waida

Zutaten für 4 Personen:

1 Kopf Wirsingkohl, mittlere Größe
300 g Lachs, gewürfelt und gut gekühlt
200 g Lachsfilet in langen Streifen
300 g Crème fraîche
4 Volleier
150 g handwarme Butter
Salz, Pfeffer
2 cl Weinbrand

Für die Rieslingsauce:
0,2 l Fischfond
0,2 l Weißwein, Riesling
3 Lorbeerblätter
4 weiße Pfefferkörner
4 Schalotten, fein gewürfelt
125 g Crème fraîche
125 g Sahne
100 g Butter
1 Spritzer Sekt

Die äußeren Wirsingblätter entfernen. Die nächsten Blätter vorsichtig abziehen und in kochendem Salzwasser 4 Minuten blanchieren, dann in Eiswasser abschrecken und trocken tupfen. Die Lachswürfel in der Küchenmaschine mit dem Schneidemesser zerkleinern, Crème fraîche dazu geben, dann die Eier, Salz, Pfeffer und als letztes die Butter und den Weinbrand. 60 cm Alufolie ausbreiten, darauf 60 cm Klarsichtfolie legen. Die Wirsingblätter auf die Folie legen, leicht überlappen lassen und zwei Reihen legen. Die Lachsfarce darauf gleichmäßig verteilen und glattstreichen. Den Streifen Lachsfilet der Länge nach vorsichtig drauflegen und das Ganze vorsichtig aufrollen. Die Folienenden gut zudrehen und das Ganze in den Bräter geben, mit kochendem Wasser aufgießen und im Ofen bei 150 Grad 25 Minuten garen. Fischfond und Weißwein auf die Hälfte reduzieren lassen, Lorbeerblätter, Schalotten, weiße Pfefferkörner, Crème fraîche und Sahne hinzugeben, nochmals reduzieren. Alles durch ein Sieb drücken und zum Schluss Butter unterrühren. Einen Spritzer Sekt hinzugeben und das Ganze mit dem Pürierstab hochziehen.

Klare Lachssuppe

Rhett Waida

Zutaten für 4 Personen:

0,5 l Lachsfond
0,5 l Kalbsfond
12 Lachsklöße
100 g Lachswürfel
100 g buntes, blanchiertes und in Rauten geschnittenes Gemüse (Karotte, Lauch, Steckrübe, Sellerie, Fenchel oder Lauchzwiebel)
Salz, Pfeffer, Sherry, Safranfäden und gehackte Blattpetersilie

Lachsfond herstellen aus Fischgräten, Suppengemüse, Zitronenschale, Lorbeerblättern, Nelken, Wasser, Weißwein, Tomatenschale und Dillzweig. Einmal aufkochen lassen und ½ Stunde ziehen lassen. Für die Lachsklöße wurde Farce von der Lachsroulade verwendet.
Lachswürfel in Salzwasser mit etwas Butter blanchieren. Die beiden Fonds mischen und die Lachsklöße zugeben. Gewürze hinzufügen, danach das blanchierte Gemüse.

Gebackene Rote Beete mit Kümmelsauce und Zwiebellauch-Apfelgemüse Rainer Sass

Zutaten:

2 mittelgroße Rote Beete
210 g Butter
2 gute Äpfel (Elstar oder Holsteiner Cox aus biologischem Anbau)
2 Bund Zwiebellauch
2–3 EL Olivenöl
Salbei
Salz, Pfeffer

Für die Sauce:
Kartoffeln
Dickmilch
Kümmel
Sahne

Die Rote Beete schälen und in Spalten schneiden. Auf ein Blatt Pergament geben und mit Pfeffer, Salz, gestoßenem Koriander und mit der Butter einwickeln. Alles für ca. 20 Minuten in den Ofen geben. Die Äpfel waschen, entkernen und in Spalten schneiden und mit dem schräg in breite Streifen geschnittenen Zwiebellauch in Olivenöl anbraten und mit etwas Salbei, Pfeffer, Kräutersalz würzen, anrichten. Jetzt die Rote Beete aus dem Ofen nehmen und die Spalten zu den Äpfeln legen. Mit dem ausgetretenen Saft, etwas Dickmilch, den gekochten Kartoffeln, Kümmel, Pfeffer, Salz, Sahne im Thermo-Mix eine Sauce herstellen und vollenden.

Sizilianische Bratkartoffeln mit Kräuterschichtkäse. Als Beilage Medaillons vom Truthahn mit Kräutern der Provence

Thomas Böthgen

Zutaten:

1,2 kg fest kochende Kartoffeln
500 g Schichtkäse
Olivenöl
Mineralwasser
1 Bund Schnittlauch
1 Bund glatte Petersilie
1 Bund Basilikum
$1/2$ gelbe Paprika
$1/2$ rote Paprika
1 Messerspitze „Schabzieger Klee"
1 Messerspitze Cayennepfeffer
Marsala (trocken)

Für die Truthahnmedaillons:
etwas Dinkelmehl
Kräuter der Provence
Distelöl

Für paniertes Putenschnitzel für 4 Personen:
4 Putenschnitzel aus der Brust à 150 g
2 Eier
Paniermehl
Sesamkörner
Butter zum Anbraten
Salz, Pfeffer

Die Kartoffeln schälen, der Länge nach vierteln und in Salzwasser garen. Den Schichtkäse mit etwas Olivenöl und etwas Mineralwasser glatt rühren. Schnittlauch, Petersilie, Basilikum und die Paprika klein schneiden und mit Pfeffer, Salz, Kräutersalz, Klee und dem Cayennepfeffer den Schichtkäse vollenden. Die Kartoffeln in Olivenöl anbraten und mit Streifen von Basilikum, Pfeffer und Salz würzen. Mit dem Marsala flambieren und zusammen mit verschiedenen Salaten (Rapunzeln, Löwenzahn, Rougette, Radicchio) anrichten. Die Truthahnmedaillons würzen, in Dinkelmehl wenden und mit Kräutern der Provence bestreuen. In Distelöl anbraten.
Die Putenschnitzel salzen und pfeffern, danach leicht mehlieren, in Ei wenden und in Paniermehl und Sesamkörnern panieren. In Butter goldbraun ausbacken und servieren.
Guten Appetit wünscht Rainer Sass!

Rainers Tipp: **Restaurant ARTisst Adresse -> S. 250**
Paula-Modersohn-Becker-Museum in Worpswede unbedingt besuchen!

Schweinefilet mit Gemüsevinaigrette **Rainer Sass**

Zutaten für 4 Personen:

2 Schweinefilets à 220–240 g
1 Suppenbund
$1/2$ Bund Petersilie
1 Schalotte
3 EL Olivenöl
3 EL Weißweinessig
Salz, Pfeffer

Das Schweinefilet salzen und pfeffern und von allen Seiten in einer Pfanne kräftig anbraten, dann für 10–12 Minuten in den 180 Grad vorgeheizten Backofen geben.
Für die Vinaigrette das Suppenbund säubern und alles in kleinste Würfel schneiden. Schalotten klitzeklein schneiden, in Olivenöl andünsten, Suppengemüse würfeln und dazugeben, leicht salzen und mit 4 EL Wasser bedecken. Ohne Deckel 4 Minuten köcheln lassen, durch ein Sieb abgießen, alles in eine Schüssel geben, gehackte Petersilie dazu und mit Olivenöl und Essig verrühren.
Schweinefilet leicht auskühlen lassen, in feine Scheiben schneiden und mit der Gemüsevinaigrette servieren.
Guten Appetit wünscht Rainer Sass!

Knusprige Schulter vom Jungschwein, geschmort mit Gemüsen, Malzbier und Kümmel

Carsten Kindermann

Zutaten:

1 Schweineschulter, ca. 3 kg, mit Knochen und Schwarte (möglichst vom Erzeuger oder Biohof/ Metzger, evtl. vom Metzger den Knochen auslösen und klein sägen lassen)
12 kleine Schalotten
3 Möhren
2 Stangen Frühlingslauch
12 Champignonköpfe
36 kleine Kartoffeln
2 Knoblauchzehen
1 Bund Salbei
1 Bund Thymian
1 Flasche Malzbier (0,33 l)
$^{1}/_{3}$ TL Kümmel, ganz
Salz, Pfeffer, Zucker

Das Bratenstück über Nacht auf den Kräutern und dem Knoblauch einlegen. Die Schwarte rautenförmig einschneiden und mit Salz, Pfeffer und Kümmel würzen. Danach in Olivenöl von beiden Seiten anbraten. Im Bräter bei ca. 150 Grad mit etwas Wasser im Ofen garen, mit der Schwarte nach oben, immer wieder begießen. Die Gardauer beträgt 60–100 Minuten, je nach Dicke und Größe (Portionsgröße). Das Gemüse putzen und klein schneiden und zusammen mit dem Malzbier und dem Kümmel hinzugeben (je nach Garzeit evtl. nacheinander). Weitere 20–35 Minuten in den Ofen stellen. Den entstandenen Sud abschmecken und mit etwas Stärke binden. Jetzt den Braten mit starker Oberhitze superkross machen. Den Braten auf dem Gemüse anrichten, am Tisch tranchieren, die Sauce extra reichen.

Rainers Tipp: **Das weiße Haus in Rastede hat wunderschöne Gästezimmer – also ruhig mal über Nacht bleiben! Adresse -> S. 250**

Schweineschulter -> S. 55

Gebratener Spargel mit Tomatenvinaigrette

Rainer Sass

Zutaten:

250 g weißer Spargel
250 g grüner Spargel
Sonnenblumenöl
Walnussöl
Fleisch von 5 Tomaten
1 Bund Basilikum
3 EL Olivenöl
2 EL Balsamicoessig
10 Pfefferkörner, schwarz, gemörsert
Salz, Pfeffer, Hauch Zucker

Weißen Spargel schälen, beim grünen nur den Ansatz abschneiden und nur das untere Drittel schälen. Beide Sorten in 2 cm dicke, schräg geschnittene Scheiben schneiden. Sonnenblumenöl und Walnussöl in einer großen Pfanne erhitzen und die Spargelscheiben darin bei kleiner Hitze unter ständigem Bewegen gar schmoren, Bratzeit höchstens 5–6 Minuten. Mit Salz und gehackter Petersilie bestreuen und servieren. Für die Tomatenvinaigrette Tomaten enthäuten, entkernen und fein würfeln. Mit gehacktem Basilikum, Olivenöl und Balsamicoessig verrühren, mit gemörsertem schwarzem Pfeffer bestreuen und leicht zuckern und salzen.
Ideale Beilage sind neue Kartoffeln – der Spargel schmeckt auch lauwarm sehr lecker.

Spargelquiche mit Kräuterkäse

Ulrike Werner

Zutaten:

250 g Mehl
1 Ei
125 g Butter
1 EL Essig
1 EL kaltes Wasser

Für den Belag:
500 g weißer Spargel
500 g grüner Spargel
125 g geriebener oder gestiftelter Käse

Für die Eiermilch:
3 Eier
$^1/_4$ l Milch
125 g Frischkäse mit Kräutern
1 TL Acht-Kräuter-Mischung (TK)
Salz und Pfeffer nach Geschmack

Mehl, Butter, Ei, Essig, Salz und das Wasser in eine Rührschüssel geben und mit dem Knethaken gut miteinander verkneten, bis alle Zutaten bröselig sind. Dann den Teig mit den Händen zusammenkneten. Teig ausrollen und in eine Form, 28 cm Durchmesser, geben. Weißen Spargel schälen und in Stücke schneiden, mit Salz, Zucker und Butter bissfest kochen.
Grünen Spargel (unteres Drittel) schälen und in Stücke schneiden, mit Salz, Zucker und Butter bissfest kochen (Spargelsorten getrennt kochen). Den Spargel auf dem Teig verteilen. Zum Schluss die Zutaten für die Eiermilch mit dem Handmixer verquirlen und über den Spargel gießen. Mit dem Käse bestreuen und die Quiche im vorgeheizten Backofen bei 200 Grad 20–30 Minuten backen.

Spargelquiche mit Räucherlachs

Ulrike Werner

Zutaten:

250 g Mehl
1 Ei
1 TL Salz
125 g Butter
1 EL Essig
1 EL kaltes Wasser

Für den Belag:
100 g weißer Spargel
100 g Räucherlachs
125 g geriebener oder gestiftelter Käse

Für die Eiermilch:
3 Eier
1/4 l Milch
je 1 TL Petersilie und Dill (TK)
Salz und Pfeffer nach Geschmack

Mehl, Butter, Ei, Essig, Salz und Wasser in eine Rührschüssel geben und mit dem Knethaken gut miteinander verkneten, bis alle Zutaten bröselig sind. Dann den Teig mit den Händen zusammenkneten. Teig ausrollen und in eine Form, 28 cm Durchmesser, geben. Einen Teigrand von ca. 3 cm Höhe andrücken.
Lachs in kleine Stücke schneiden. Weißen Spargel schälen und in Stücke schneiden, mit Salz, Zucker und Butter bissfest kochen. Spargel und Lachs auf dem Teig verteilen.
Zum Schluss die Zutaten für die Eiermilch mit dem Handmixer verquirlen und über den Spargel gießen. Mit dem Käse bestreuen und die Quiche im vorgeheizten Backofen bei 200 Grad 20–30 Minuten backen.

Rainers Tipp: **Achtung: Dosenspargel schmeckt nicht wie Spargel. Bei Einkauf eventuell zwei Jahre auf Bewährung. Anzeige durch die Genusspolizei.**

Saiblingsfilets in Pergament Rainer Sass

Zutaten:

4 Saiblingsfilets à 150–180 g, ohne Haut
1 kleine Fenchelknolle mit Grün
1 Schalotte
2 Knoblauchzehen
6 Champignons, frisch
3 Stangen Frühlingszwiebeln
1 Tasse gehackte Kräuter: Basilikum, Salbei, Rosmarin, Thymian, glatte Petersilie
1 Lorbeerblatt
Fenchelkraut
1 Eigelb
Olivenöl
Zitrone
Salz und Pfeffer

Zubehör:
Pergamentpapier

Saiblinge vom Fischhändler filetieren lassen. Sonst aus zwei Saiblingen à 350–400 g die Filets auslösen. Sämtliche Gräten entfernen und die Haut ablösen (von Gräten und Kopf kann man mit einem Suppenbund, 1 Lorbeerblatt, Pfefferkörnern, etwas Wasser und Wein einen wunderbaren Fischfond kochen). Fenchel, Schalotte, Knoblauch, Champignons und Frühlingszwiebeln in feine Streifen schneiden und in Olivenöl 3–4 Minuten dünsten – kleine Hitze –, etwas salzen und pfeffern. Fenchelkraut hacken und mit den anderen gehackten Kräutern mischen. Es sollten mindestens drei Sorten Kräuter vorhanden sein. Haben Sie mehr, umso besser. Lorbeerblatt leicht anfeuchten und klitzeklein schneiden, dazugeben.
Pergamentpapier an den Seiten mit Eigelb bestreichen. Gemüse in die Mitte legen, Fischfilet darauf, Kräuter dazu, etwas Zitrone und Salz. Alles gut verschließen und für 10 Minuten in den 200 Grad heißen Backofen legen. Danach aufreißen, mit etwas Olivenöl begießen, das Aroma genießen und mit Weißwein und Baguette servieren.

Saiblingsfilets in Safransauce **Monika Pöpke**

Zutaten für 4 Personen:

2 größere Saiblingsfilets
Salz, Pfeffer

Für die Sauce:
25 g Butter
1 Bund Frühlingszwiebeln
je 1/2 Paprikaschote gelb und rot
2 kleine Zucchini
250 ml Sahne
Safran
1 Knoblauchzehe
2 EL frisch gehackte Kräuter
Salz, Pfeffer
1 TL Zitronensaft

Frühlingszwiebeln und Zucchini in Scheiben schneiden, Paprika würfeln und Knoblauchzehe klein schneiden. Fischfilets in zwei Teile schneiden, mit Küchenkrepp abtupfen. In eine Pfanne mit tiefem Rand die Butter geben, so weit erhitzen, dass sie schäumt, dann die Filets hineingeben und bei gleich bleibender Temperatur von jeder Seite 2 Minuten andünsten, salzen und pfeffern. Jetzt die Filets herausnehmen und warm stellen. Frühlingszwiebeln, Paprika, Safran und Knoblauch in das verbliebene Fett geben, unter Rühren bissfest gar dünsten. Mit Pfeffer und Salz abschmecken, die Sahne dazugeben, alles vermengen und die Filets auf das Gemüsebett legen. Alles mit den gehackten Kräutern bestreuen und servieren.

Rainers Tipp: **Für mich nach wie vor die beste Saiblingsqualität in Deutschland. Auch mal die geräucherte Ware der Fischzucht Pöpke probieren.**
Adresse -> S. 251

Sauce Tatar Rainer Sass

Zutaten für 4 Personen:

3 Eigelb
1 Tasse Olivenöl
1 EL Kapern, leicht zerhackt
je 1 EL gehackte Petersilie, Estragon und Schnittlauch
4 Anchovis, fein gehackt
4 Cornichons, fein gehackt
Salz, Pfeffer, Zitrone

Eigelb in eine Schüssel geben, nach und nach das Olivenöl unter das Eigelb rühren – wie gesagt: nach und nach. Eigelb und Olivenöl müssen die gleiche Temperatur haben. Danach die fein gehackten Kapern, Kräuter, Anchovis und Cornichons unterheben. Wer möchte schmeckt mit etwas Zitrone ab. Ideal zu Sülze, Roastbeef und gegrilltem Fisch.

Hausgemachte Sülze mit Bratkartoffeln

Jürgen Geffken

Zutaten:

1 frisches Eisbein (ca. 1,5 kg) oder
1/2 frischer Schweinekopf
1 frische Oberschale vom Schwein (ca. 1 kg)
1 große Gemüsezwiebel
1 Schweineschwarte (ca. 500 g)
Pökelsalz (ca. 16 g je kg Masse)
Pfeffer, weiß, gemahlen

Eisbein oder Schweinekopf ca. 2 Stunden kochen. Schweineschwarte in der Brühe von Eisbein/Schweinekopf ca. 20 Minuten kochen, dann die Schwarten mit den Zwiebeln durch den Fleischwolf lassen. Oberschale in Würfel schneiden, dann Schwarten-Zwiebel-Mix mit dem Fleisch vermengen. Mit Pökelsalz und weißem Pfeffer abschmecken und mit Brühe auffüllen. Die Masse in sturzfähige Einmachgläser füllen und bei ca. 100 Grad 2,5 Stunden kochen lassen. Über Nacht auskühlen lassen. Hierzu passen Bratkartoffeln und Remoulade.

Knusprige Bratkartoffeln Jürgen Geffken

Zutaten für 4 Personen:

1 kg fest kochende Kartoffeln (Linda, Cilena)
100 g durchwachsener Speck
2 mittelgroße Zwiebeln
Schweineschmalz
1 Bund Schnittlauch
Pfeffer, Salz

Die Kartoffeln waschen und in der Schale in Salzwasser gar kochen. Auskühlen lassen. Erst direkt vor dem Braten die Kartoffeln schälen und in Scheiben schneiden. Nicht zu dünn, die Kartoffelscheiben zerfallen sonst in der Pfanne. Speck und die Zwiebeln in Würfel schneiden. Schweineschmalz in der Pfanne erhitzen (am besten in einer Eisenpfanne), Speck dazu, kurz anbraten lassen, Herd auf mittlere Hitze zurückschalten, dann die Bratkartoffeln dazu. Die Kartoffeln anbraten lassen und erst wenden, wenn die Unterseiten schön braun sind. Dadurch bekommen die Bratkartoffeln eine schöne Kruste und zerfallen nicht. Also: Nicht ständig in der Pfanne herum rühren, sondern die Kartoffeln in Ruhe ausbacken lassen. Sind die Kartoffeln von allen Seiten gut gebräunt, die Zwiebeln dazu geben. Vorsichtig bewegen und die Zwiebeln unter die Kartoffeln mischen, kurz mitbraten lassen. Wenn die Zwiebeln zu früh in die Pfanne kommen, verbrennen sie und werden schwarz und bitter. Mit Salz und Pfeffer abschmecken, frischen Schnittlauch darüber streuen und zur Sülze servieren.

Rainers Tipp: **Auf der Terrasse der Schleuse sitzen: beste deutsche Hausmannskost, schmackhafter Kuchen und exaktes Pils – was will man mehr? Sülze zum Mitnehmen! Restaurant zur Schleuse, Adresse -> S. 250**

Bratkartoffeln -> S. 63

Minutensteaks mit Gemüsen Rainer Sass

Zutaten:

4 Minutensteaks vom Rumpsteak, aus artgerechter Ökohaltung
Olivenöl und Butter zum Braten
2 Schalotten, in Streifen geschnitten
3 Kartoffeln, fest kochend
1 Möhre
10 Cornichons
3 EL weißer Balsamicoessig
Salz, Pfeffer, Hauch Zucker

Minutensteaks salzen und pfeffern, Fettrand einschneiden, damit die Steaks sich nicht wellen. Schalotte, Kartoffeln, Möhre und Cornichons in feine Streifen schneiden oder hobeln. Gemüse in einer Mischung aus Butter und Olivenöl in einer Pfanne braten, mit weißem Balsamicoessig, Salz, Pfeffer und einem Hauch Zucker würzen. Zu den auf jeder Seite 1 Minute gebratenen Steaks servieren.

Club-Sandwich Bistro Schmidt's

Zutaten:

3 Scheiben Vollkorntoast
60 g Mayonnaise
30 g Salat
100 g Tomaten
50 g Bauchspeck
100 g Putenbrustbraten

Für die Mayonnaise, wenn Sie sie selber machen möchten (reicht für 3–4 Sandwiches):
2 Eigelb
10 g pikanter Senf
80 g Pflanzenöl
Salz und Pfeffer
Worcestersauce nach Belieben
Zitronensaft

Für die Mayonnaise alle Zutaten ohne das Öl in eine Schüssel geben und mit einem Schneebesen verrühren. In dünnem Strahl das Öl dazugeben und dabei aufpassen, dass sich das Öl nicht von den anderen Zutaten trennt.
Toastbrot toasten. Die Hälfte der Zutaten auf eine Toastscheibe legen. Eine weitere Toastbrotscheibe darüber und die übrigen Zutaten darauf schichten. Nun die Mayonnaise darüber geben und mit einem weiteren Toast den Sandwich-Turm abschließen.

Rainers Tipp: **Dank Inhaber Oliver Schmidt ist hier alles oberlecker. Im Sommer schöner Blick auf den Marktplatz. Bistro Schmidt's Adresse -> S. 250**

Gegrilltes Panino Caprese Bistro Schmidt's

Zutaten:

1 Paninobrötchen vom Bäcker
70 g Tomaten (ca. 5 Scheiben)
60 g Mozzarella (ca. 3 Scheiben)
40 g Pesto

Für das Pesto, wenn Sie es selber machen möchten:
40 g frische aromatische Basilikumblätter
50 g Olivenöl
30 g geröstete Pinienkerne
2 g Knoblauch
15 g Parmesan- oder Pecorinokäse
Salz, Pfeffer, Zitronensaft

Für das Pesto alle Zutaten in einem Mixer klein mixen.
Das Paninobrötchen aufschneiden, die Innenflächen mit Pesto bestreichen und mit den in Scheiben geschnittenen Zutaten belegen. Das Paninobrötchen für ca. 5 Minuten grillen, bis der Käse zerläuft und das Brötchen schön kross ist.

Pastrami-Sandwich Bistro Schmidt's

Zutaten:

2 Scheiben Vollkorntoast
60 g Senfsauce
30 g Salat (Lollo Rosso)
150 g Pastrami (gewürztes und geräuchertes Rinderfleisch aus dem Vorderviertel)

Für die Senfsauce (reicht für 3–4 Sandwiches):
40 g pikanter Senf
40 g Mayonnaise
3 g Curry
65 g Crème fraîche

Für die Senfsauce alle Zutaten in einer Schüssel mit einem Schneebesen verrühren.
Das frisch getoastete Toastbrot großzügig mit den Zutaten belegen, mit der Senfsauce bestreichen.

Gefüllte Tomaten Rainer Sass

Zutaten:

6 große Fleischtomaten

Für die Hackfüllung:
500 g Lammhack
1 Ei
2 EL Paniermehl
1 EL getrockneter Thymian
2 EL Kapern, zerdrückt
6–7 Sardellenfilets, klitzeklein
2 Knoblauchzehen, durchgepresst
1 Bund Petersilie, gehackt
2 Schalotten, klitzeklein
Salz, Pfeffer
100 g Schafskäse
Paniermehl, Olivenöl

Für die Joghurtsauce:
1 Becher Joghurt, 125 g
1 Becher Crème fraîche, 125 g
3 EL Olivenöl
1 EL Senf
2 Knoblauchzehen, durchgepresst
1/2 Bund Petersilie, fein gehackt

Alle Zutaten für das Hack in einer großen Schüssel gut vermengen, mit Salz und Pfeffer würzen. Von den Tomaten an der Stielseite einen Deckel abschneiden und mit einem Löffel aushöhlen, etwas salzen und mit dem Lammhack füllen. Auf jede Tomate etwas Schafskäse, Olivenöl und Paniermehl geben und für 30 Minuten in den 200 Grad heißen Backofen geben.
Für die Joghurtsauce alle Zutaten verrühren und zusammen mit den gefüllten Tomaten servieren.

Tomatenspieß mit Rucolapesto

Werner Henssler

Zutaten:

4 feste Tomaten
12 kleine Strauchtomaten
12 Babymozzarella vom Büffel
12 Blatt Basilikum
12 Scheiben luftgetrockneter Tiroler Speck
Olivenöl zum Braten

Für das Pesto:
200 g Rucola
30 g Pinienkerne
Pecorinokäse
Knoblauch
Salz
Olivenöl

Zutaten auf den Spieß geben und alles bei mäßiger Hitze in einer beschichteten Pfanne braten.
Zutaten in den Mixer geben und klein hacken oder im Topf mit einem Mixstab pürieren.

Rainers Tipp: Nur Tomaten aus den Vierlanden kaufen!

Gebratene Birne mit Gorgonzola Rainer Sass

Zutaten:

2 Birnen (Abate oder Williams)
200 g Gorgonzola
Butter
1 EL Honig

Die Birnen schälen, entkernen und halbieren. Butter in einer Pfanne zerlassen, Birnen dazugeben und leicht anbraten. Den Honig beigeben, dabei die Pfanne bewegen, damit der Honig die Birnen leicht überzieht.
Jetzt ab in den Backofen bei 200 Grad für 8–10 Minuten. Die Birnen sind gar, wenn sie leicht glänzen und nach Honig duften. Den Gorgonzola auf die gebratenen Birnen geben.
Genießen Sie die Birne als Beilage zum Heidschnuckenschnitzel oder als Dessert mit einem edelsüßen Wein aus Italien oder Frankreich.
Lauwarm schmeckt's am besten!

Rainers Tipp: **Herr Precht-Hallé hat als Franzose immer einen guten Weintipp.**
Botheler Landhaus, Adresse -> S. 250

Heidschnucke auf Himmel und Erde Iris Precht-Hallé

Zutaten:

1 kleine Heidschnuckenkeule, ausgelöst und in dünne Scheiben geschnitten
Salz und Pfeffer aus der Mühle
2 Eier
2 Scheiben Toast
Fett zum Braten
4 Äpfel
4 mittelgroße Kartoffeln
40 g Butter
2 EL Zucker
40 g Butter
1 Prise Koriander

Für die Sauce:
1 kg Heidschnuckenknochen
2 Tomaten
100 g Zwiebeln
100 g Möhren
100 g Lauch
100 g Sellerie
1 TL Mehl
$^1/_2$ l Rotwein
$^1/_2$ l Wasser
Salz, Pfeffer
10 Wacholderbeeren
1 Zweig Rosmarin
100 g Buchweizenhonig
1 EL Schalotten
3 EL Sahne

Die Heidschnuckenschnitzel mit wenig Salz und Pfeffer würzen. Das Weißbrot fein reiben, die Eier verrühren und die Fleischscheiben ganz dünn panieren. Im heißen Fett von beiden Seiten braten. Die Kartoffeln schälen, klein schneiden und in Salzwasser weich kochen. Die geschälten Äpfel dazugeben und 10 Minuten zusammen kochen lassen. Das Wasser abgießen, Kartoffeln und Äpfel grob zerstampfen und mit der kalten Butter aufmontieren. Mit Salz, Pfeffer und Muskat abschmecken. Die Äpfel schälen, vierteln, entkernen und in je zwei Spalten schneiden. Butter und Zucker aufkochen lassen und die Apfelspalten darin karamellisieren. Mit dem Koriander würzen.
Für die Sauce werden die gehackten Heidschnuckenknochen scharf angebraten. Das geputzte Gemüse grob würfeln und einige Minuten mit anbraten. Die zerdrückten Wacholderbeeren, Salz, Pfeffer und Rosmarin zugeben und mit dem Mehl bestäuben. Das Ganze wird mit dem Rotwein abgelöscht und mit dem Wasser aufgefüllt. Dieser Fond soll ca. 1 $^1/_2$ Stunden leicht köcheln und wird dann durch ein Sieb passiert. Danach lassen Sie den Fond auf ca. 1 l einkochen.
Für die Buchweizenhonigsauce lassen Sie die gewürfelten Schalotten in der Butter glasig werden, geben den Buchweizenhonig dazu und lassen ihn heiß werden. Den Heidschnuckenfond auffüllen und noch einmal etwa um die Hälfte einkochen lassen. Kurz vor dem Servieren die Sahne unterrühren und mit dem Mixstab aufmontieren.
„Himmel und Erde" mit einer Kelle auf die vorgewärmten Teller setzen, die Heidschnuckenschnitzel darauf anrichten. Die Apfelspalten auf den Tellern verteilen und die Sauce dazugeben.

Steirer Wildhendl -> S. 74

Rührei Rainer Sass

Zutaten:

Eier
Chilischote
Schalotten
Olivenöl/Butter
glatte Petersilie
Mineralwasser

Schalotte, Chilischote und Petersilie klein hacken, in Olivenöl/Butter andünsten und die kräftig verrührten und gesalzenen Eier dazugeben. Wer möchte, lockert die Eier mit etwas Mineralwasser auf. Das Rührei bei kleiner Hitze langsam braten, da es ansonsten trocken wird.

Steirer Wildhendl à la brochette Rainer Sass

Zutaten:

1 Steirer Wildhendl oder ein Biohähnchen aus artgerechter Haltung
3 EL Olivenöl
3 EL geschmolzene Butter
15 g Kräutersalz
2 EL Tannenhonig

Das Wildhendl mit etwas Olivenöl und Butter einpinseln, mit dem Kräutersalz (auch innen) würzen, auf einen Spieß stecken, die Keulen zusammenbinden und je nach Beschaffenheit des Grills und Größe des Hähnchens 40–60 Minuten grillen. Die Brust nach 15 Minuten mit Alufolie abdecken, das Brustfleisch wird sonst trocken. Das Huhn während des Grillens regelmäßig mit dem Öl und der Butter bestreichen. Erst kurz vor Ende der Garzeit das Hähnchen mit dem flüssigen Tannenhonig bestreichen – nicht zu nah an der Glut, der Honig verbrennt leicht und die Haut wird schwarz und bitter.

Pollo in Umido Niels Odefrey

Zutaten:

Poularde, 1,5–2 kg
1 Dose Tomaten oder in der Tomatensaison 8 frische Tomaten, gehäutet und entkernt
10 Schalotten, geviertelt
10 Knoblauchzehen, geschält und halbiert
20 Oliven, schwarz mit Kern
1 Lorbeerblatt
1/2 EL getrockneter Thymian
1/2 EL getrockneter Rosmarin oder
1 Salbeizweig (8–10 Blätter, frisch)
1/2 l Weißwein, trocken
1/4 l Wasser
Olivenöl, erste Pressung

Geschmorte Fleischgerichte gehören wie Olivenöl und Brot zur klassischen Toskanaküche. Diese Version wird mit Oliven, Tomaten, Schalotten und viel Knoblauch geschmort. Alle Zutaten mitsamt dem Huhn müssen von erstklassiger Qualität sein. Also: kein Huhn aus der Tiefkühltruhe und kein Billig-Olivenöl für 3,99.

Das Huhn in zehn Teile zerteilen, also die Keulen auslösen und am Gelenk halbieren, Flügel ganz lassen, nur die Spitzen abtrennen und die Brust erst mit Knochen halbieren und dann nochmals teilen. Diese salzen und pfeffern und in Olivenöl in einem großen Topf anbraten. Knoblauch, Schalotten und Oliven beigeben. Danach die ganzen Früchte der Dosentomaten entkernen, den Saft auffangen. Frische Tomaten mit dem Sparschäler enthäuten, dann entkernen. Nun noch die gesamten Gewürze in den Topf. Wein und Wasser dazu und bei mittlerer Hitze und geschlossenem Deckel 60 Minuten köcheln lassen. Hat sich zu viel Flüssigkeit gebildet, schmort man die letzten 20 Minuten mit offenem Deckel – aber vorsichtig, dass nichts anbrennt!
Dazu schmeckt Brot und leicht gekühlter Chianti.

Rainers Tipp: Ich weiß, es ist manchmal nicht ganz einfach: Aber unbedingt Eier nur von freilaufenden Hühnern und beim Bauern Ihres Vertrauens kaufen! Falls noch kein Bauer Ihres Vertrauens vorhanden, lieber auf den Eigenuss verzichten. Leicht gesagt, Rainer Sass, oder?

Kartoffelklöße Rainer Sass

Zutaten:

600 g mehlig kochende Kartoffeln
3 Eigelb
50 g zerlassene Butter
50 g Kartoffelmehl
Salz
6 Toastbrotscheiben
Butter
4 EL Paniermehl
gehackte Petersilie

Toastbrot in Würfel schneiden und in einer Pfanne mit etwas Butter goldbraun rösten. Kartoffeln in der Schale kochen, pellen und ausdampfen lassen. Die Kartoffeln durch eine Kartoffelpresse drücken, etwas auskühlen lassen und in einer Schale mit Ei, Kartoffelmehl und zerlassener Butter mischen. Mit Salz würzen und den Teig mit angefeuchteten Händen zu Klößen formen. Dabei jeweils einen Toastbrotwürfel in den Kloß drücken. Die Klöße in kochendes Salzwasser geben und etwa 10 Minuten ziehen lassen.
Paniermehl (Semmelbrösel) mit Butter in einer Pfanne leicht braun rösten. Klein gehackte Petersilie dazugeben. Diese Mischung über den frisch gekochten Kloß streuen oder ihn in der Röstmasse kurz wälzen.

Eintopf mit Schweinerippchen und Bohnen

Heinz Walter Hebestreit

Zutaten:

ca. 750 g Schweinerippe
1 kg grüne Bohnen
1 kg Tomaten
2–4 große Zwiebeln
1 rohe geriebene Kartoffel
$^1/_4$–$^3/_4$ l Wasser
Olivenöl
Chilischoten
Salz, Pfeffer, Paprika

Die Bohnen waschen, putzen und in Drittel schneiden. Die Tomaten überbrühen, Haut abziehen und vierteln. Die Rippchen in Portionsstücke schneiden (besser vom Metzger machen lassen). In einem Schmortopf in Olivenöl portionsweise scharf anbraten. Beiseite stellen. Die Zwiebeln in den heißen Topf geben und ebenfalls scharf anbraten. Jetzt wieder die Rippchen und die Bohnen dazugeben. Den Topf mit Wasser auffüllen, bis die Zutaten knapp bedeckt sind. Alles 1 $^1/_2$ Stunden mit geschlossenem Deckel bei mittlerer Hitze köcheln lassen. Dann die Tomaten zugeben, mit Salz, Pfeffer und Paprika würzen. Für die Bindung der Sauce eine geriebene Kartoffel dazugeben. Jetzt den Eintopf eine halbe Stunde weiterkochen lassen. Zum Schluss noch mal abschmecken, dann ist der Eintopf fertig. Wer Schärfe möchte, kann noch ein oder zwei ganze Chilischoten mitkochen.
Dazu passen Kartoffeln, Weißbrot oder Kartoffelklöße.
Tipp: Der Eintopf schmeckt auch aufgewärmt am nächsten Tag sehr lecker.

Rainers Tipp: Heinz Walter Hebestreit hat immer einen guten Kochbuchtip.
Adresse -> S. 251

Bohneneintopf -> S. 77

Königsberger Klopse Rainer Sass

Zutaten:

500 g Kalbfleisch aus der Keule, durch den Wolf gedreht
2 Toastbrotscheiben, ohne Rinde
etwas Rinderbrühe
1 Ei
1 Schalotte
1 Glas Sardellenfilets, 5–6 Stück
1/2 Bund Petersilie
1 TL Senf, mittelscharf
Salz, Pfeffer

Für die Sauße:
Zwiebeln
Lorbeer
Weißweinessig
Sahne
Kapern
Zitrone
Butter
Mehl

Schalotte und Sardellenfilets klitzeklein schneiden, Petersilie hacken, Toastbrot in Brühe einweichen und ausdrücken. Mit Schalotte, Petersilie, Sardellen, Ei und Senf zum Kalbfleisch geben. Alles mit Salz und Pfeffer leicht würzen – vorsichtig, die Sardellen geben eine salzige Würze ab –, gut verkneten und Klopse formen.
Brühe mit Zwiebeln, Lorbeer und Weißweinessig leicht köcheln lassen, Klopse darin 10–12 Minuten ziehen lassen. Aus der Brühe nehmen. Brühe um ein Drittel einkochen lassen, Sahne und abgetropfte Kapern dazu. Alles nochmals mit Zitrone abschmecken und evtl. mit etwas Mehlbutter binden. Dazu Butter und Mehl verkneten und in die Sauce geben, verrühren und köcheln lassen.
Klopse zurück in die Sauce, durchziehen lassen und mit Salzkartoffeln servieren.

Palatschinken mit Spinat

Dietmar J. Hagen

Zutaten:

600 ml Milch
350 g Dinkelmehl
5 Eier
Salz, Muskat
Sesamsamen

Für die Füllung:
2,5 kg frischer Spinat
4 Zwiebeln (Schalotten)
50 ml Olivenöl
3 Knoblauchzehen
250 g Schafskäse, in Würfel geschnitten
400 g Ricotta (Frischkäse)
Salz, Pfeffer, Muskat, Pinienkerne
350 ml Milch
3 Eier
Hartkäse, gerieben

Alle Zutaten zu einem glatten Teig verarbeiten. Etwa ½ Stunde quellen lassen. In einer beschichteten Pfanne etwas Butter erwärmen. Den Teig dünn einlaufen lassen. Beidseitig goldgelb backen. Aus der Pfanne nehmen und auf einem Kuchengitter auskühlen lassen.
Blattspinat von den Stielen befreien, waschen, in gesalzenem Wasser blanchieren, in Eiswasser abschrecken und ausdrücken. Klein geschnittene Zwiebeln und Knoblauch in Olivenöl farblos anschwitzen, alle übrigen Zutaten beigeben, mit Salz, Pfeffer und Muskat abschmecken. Die kalten Palatschinken ausbreiten, mit der Spinatfüllung bestreichen, zusammenrollen und in eine gefettete Auflaufform legen. Die Milch mit den Eiern verquirlen und über die Palatschinken gießen. Mit geriebenem Käse bestreuen und im Backofen bei 200 Grad ca. 20 Minuten backen.
Tipp: Palatschinken mit Tomatensauce übergießen und mit Mozzarella überbacken.

Rainers Tipp: Ruhig mal Königsberger Klopse aus Lammhack probieren! Auch sehr lecker.

Lammgeschnetzeltes mit Kartoffel-Sellerie-Püree Rainer Sass

Zutaten:

400 g Lammlachse aus dem Rücken, große Filets
Olivenöl
2 Möhren
100 g Zuckerschoten
1 Bund Frühlingszwiebeln
2 Knoblauchzehen
Fleisch von 2 Tomaten
1 EL getrockneter Thymian
1 EL getrockneter Rosmarin
$^1/_2$ Bund glatte Petersilie
$^1/_2$ l Lammfond oder Brühe
Salz, Pfeffer

Für das Kartoffel-Sellerie-Püree:
1 kg Kartoffeln, mehlig kochend
1 kg Knollensellerie
$^1/_4$ l Milch
50 g Butter
Salz, Muskat

Lammlachse vom Fett und Häuten befreien, in 1 cm dicke Scheiben schneiden, salzen, pfeffern und mit aufgemörsertem getrockneten Thymian und Rosmarin würzen. Zuckerschoten vom Faden befreien und halbieren. Zwiebel in schräge Scheiben schneiden, Knoblauch fein hacken, Möhren schälen und auch in schräge Scheiben schneiden. Olivenöl in einer Pfanne oder im Wok erhitzen, Lammlachse scharf anbraten, Gemüse dazu geben, ständig rühren, sodass alles eine schöne Farbe bekommt. Dann mit Knoblauch, Salz und Pfeffer würzen. Lammfond oder Brühe dazu, Tomatenfleisch beigeben und insgesamt höchstens 8–10 Minuten schmoren lassen. Kartoffeln und Sellerie schälen, in gleich große Stücke schneiden und in Salzwasser kochen. Wenn die Kartoffeln und das Gemüse gar sind, Flüssigkeit abgießen und alles etwas ausdampfen lassen. Butter in einem kleinen Pfännchen oder Topf bräunen, Milch erwärmen. Beides zu den Kartoffeln und dem Sellerie geben und zu einem geschmeidigen Püree verrühren. Mit Salz und Muskat würzen und zu dem Geschnetzelten servieren.

Quittenravioli

Dr. Sophie Albert-Meisieck

Zutaten:

100 g Mehl
1 EL Grieß
1 Ei
1 EL Öl
Salz
4 EL Quittenmarmelade
2 EL Ricotta oder Frischkäse
1 TL Zucker

Für den Teig das Mehl, den Grieß, das Ei, das Öl und eine Prise Salz möglichst in der Küchenmaschine verkneten. Wenn der Teig eine krümelige Konsistenz angenommen hat, langsam und tropfenweise etwas Wasser hinzufügen, bis der Teig geschmeidig ist. Mit den Händen kurz durchkneten und in der Nudelmaschine oder mit dem Nudelholz auf einer bemehlten Arbeitsfläche möglichst fein ausrollen. Für die Füllung die Quittenmarmelade mit dem Ricotta oder Frischkäse verrühren, eventuell mit Zucker nachsüßen. Mit einem Messer kleine Teigplatten ausschneiden, diese mit der bemehlten Seite nach unten auf eine rechteckige Ravioliform legen, mit einem Teelöffel vorsichtig etwas Füllung in die Öffnungen geben. Eine zweite Teigplatte darüber legen und festdrücken. Die Form umdrehen und die Ravioli herausklopfen.
Ohne Ravioliform: Auf die Hälfte einer großen Teigplatte die Füllung in Abständen voneinander setzen, die andere Teighälfte darüber klappen, mit einer Plätzchenform einen Halbmond ausstechen und die Ränder mit einer Gabel vorsichtig zusammendrücken. Die Ravioli in kochendes Salzwasser geben und bei milder Hitze etwa 5 Minuten ziehen lassen.
Tipp: Mit einem Apfelkompott und Zimt- oder Vanilleeis servieren.

Rainers Tipp: Den besten Wok gibt es von der Firma Spring aus der Vulcano-Serie!

Lammgeschnetzeltes -> S. 82

Rinderfilet in Salzteig Rainer Sass

Zutaten:

1 Mittelstück vom Rinderfilet, Chateaubriand, 400–500 g
4–5 Scheiben fetter Speck, hauchdünn
1 Zweig Thymian
1 Zweig Rosmarin
1 Knoblauchzehe, angedrückt
5 Eiweiß
5 Pfund Salz

Salz mit Eiweiß gut zu einer Teigmasse verrühren. Rinderfilet salzen, pfeffern und in Butterschmalz von allen Seiten ausbraten. Dann mit fettem Speck, Rosmarin und Thymian zu einem Paket verpacken. Salzteig auf ein Backblech geben. Filet darauf legen, Knoblauch dazu und alles in den Salzteig einpacken. Im 200 Grad heißen Backofen 30 Minuten garen. Dann das Filet aus dem Ofen nehmen, 5–7 Minuten ruhen lassen und den Salzteig aufklopfen. Filet von Speck und Kräutern befreien und in Scheiben geschnitten mit der aufgemixten Majo servieren. Idealer Begleiter ist ein Knoblauch-Kartoffel-Püree.

Knoblauch-Kartoffel-Püree Rainer Sass

Zutaten:

10 Kartoffelknollen, weich kochend, mittelgroß
10 Knoblauchzehen
4 EL Olivenöl
1/2 l Milch
Basilikum

Knoblauchzehen enthäuten, mit den Kartoffeln zusammen kochen. Olivenöl, Milch und Basilikum beigeben. Alles gut zerstampfen – bitte nicht rühren.
Schmeckt nicht nur zum Rinderfilet, sondern auch zu gekochten Eiern, Fisch, Kotelett und Lammbraten.

Aufgemixte Majo Rainer Sass

Zutaten:

1 Ei
1 Eigelb
4 EL Olivenöl
Saft einer halben Zitrone
1 EL mittelscharfer Senf
2 EL gehackte Petersilie
1 Schalotte, klitzeklein
1 Knoblauchzehe, durchgepresst

Schalotte und Knoblauch in Olivenöl andünsten, mit 1 El Wasser ablöschen. 2–3 Minuten leicht dünsten, dann zu den anderen Zutaten geben und alles mit dem Mixstab durchmixen. Mit Salz und Pfeffer abschmecken und servieren.

Rainers Tipp: **Im Salzteig bleiben alle Aromen des Produkts erhalten. Also ruhig auch einmal Huhn oder Fisch im Salzteig verarbeiten!**

Bohnen, Birnen und Speck Rainer Sass

Zutaten:

1 kg Bohnen
5 Karotten
1 Bund Bohnenkraut
1 kg Kasselerbauch
5 Williams Christbirnen
Salz, Pfeffer
Weinessig
etwas Senf
Petersilie
Fleisch von 4 Tomaten, entkernt, enthäutet

Für die Brühe:
Suppenknochen, frisch geräuchert, insgesamt 2 kg
1 Markknochen
1 Schweineschwarte, geräuchert
1 Suppenbund
1 angebräunte Zwiebel
1 Lorbeerblatt
10 Wacholderkörner
5 Pfefferkörner

Für die Brühe alle Zutaten mit kaltem Wasser aufgießen.
Die Zwiebel auf einer mit Alufolie geschützten Herdplatte stark anrösten und dann dazugeben, das bringt eine schöne Farbe und ein tolles Aroma. Alles aufkochen lassen, den groben Schaum abschöpfen und bei geschlossenem Deckel gut 1 Stunde köcheln lassen. Dann abgießen, abgekochtes Fleisch evtl. weiterverarbeiten.
Bohnen putzen, Karotten schälen und in Scheiben schneiden. Bohnen, Karotten und Bohnenkraut in einen Topf geben, mit der Brühe aufgießen und den Kasselerbauch dazugeben. Alles bei geschlossenem Deckel 1 Stunde köcheln lassen. Das Fleisch entnehmen und in den vorgeheizten Backofen geben.
Nun geht es ans Abschmecken: Eine Birne schälen, entkernen und pürieren und unter die Bohnen mischen, dann das Tomatenfleisch dazu, mit grobem Pfeffer, einem Hauch Weißweinessig und $^1/_2$ EL Senf würzen. Jetzt die restlichen Birnen im Ganzen dazu und nochmals alles 10–15 Minuten bei geschlossenem Deckel köcheln lassen. Mit dem Fleisch und Salzkartoffeln servieren.

„Deutsches Sushi" (kleine Vorspeise) Rainer Sass

Zutaten:

Lyoner Fleischwurst, in Scheiben geschnitten
3–4 verschiedene Senfsorten

Zubehör:
kleine flache Schälchen

Die Wurstscheiben kurz von beiden Seiten in der Pfanne braten. Jeweils eine Scheibe in ein flaches Schälchen geben, mit verschiedenen Senfsorten bestreichen und warm servieren.

Rainers Tipp: Schmorgerichte schmecken am besten, wenn sie in gusseisernen Töpfen geschmort werden. So ein Topf ist eine Anschaffung fürs Leben, also keine Angst vor zu viel Euro, ein Rasenmäher kostet das Dreifache!

Altländer Hochzeitssuppe Rainer Sass

Zutaten:

2 kg Fleischknochen
2 Markknochen
1 Suppenbund
1 Stück Knollensellerie, ca. 200 g
1/2 angeschwärzte Zwiebel
frischer Ingwer mit Schale, nussgroß (insgesamt benötigt man ein 8–10 cm großes Stück)
10 Pfefferkörner
Muskatnuss, frisch
Eigelb
2 EL süße Sahne

Für die Einlage:
2–2,5 kg Rindfleisch aus der Keule

Für die Beilagen:
Weißwein
Rosinen
Reis
Rosinenbrot

Brühe mit Fleischknochen, Suppenbund, einem ganzen geputzten Sellerie, Gewürzen und einer angeschwärzten halbierten Zwiebel aufsetzen. Die Zwiebel muss geschützt durch Alufolie auf der Herdplatte richtig schwarz geröstet werden – geht auch auf dem Ceranfeld. Die Brühe etwas salzen und ohne Deckel aufkochen lassen. Bildet sich Schaum, die Hitze herunter schalten und den Deckel drauf. Den Schaum nicht abschöpfen und bei kleinster Hitze köcheln lassen. Der Schaum (Eiweiß) klärt die Brühe und sie wird klar. Das Fleisch für die Einlage nur in gesalzenem Wasser rund 2 Stunden kochen. Mit einer Nadel (oder Fleischgabel) lässt sich übrigens prüfen, ob das Fleisch gar ist. Die Nadel in das Fleisch stecken. Wenn sie sich ohne Widerstand herausziehen lässt, können Sie den Kochvorgang beenden.
Die Brühe durch ein Sieb gießen, mit Muskat würzen. Den ganzen Sellerie mit etwas Brühe in einem kleinen Topf mit dem Stabmixer pürieren. Dieses Selleriepüree nach und nach unter die klare Brühe rühren, aber vorsichtig – die Brühe sollte nach Brühe schmecken und nicht nach Sellerie. Nun ein Eigelb mit 2 EL süßer Sahne verrühren. Die Brühe vom Herd nehmen und das Eigelb-Sahne-Gemisch unterrühren – nicht mehr kochen lassen!
Ein nussgroßes Stück Ingwer reiben. Vorsichtig: Ingwer ist unterschiedlich scharf. Die geriebene Menge in kleinen Portionen in die Suppe geben und immer wieder probieren. Dann das in große Brocken geschnittene Fleisch dazugeben. Zum Schluss alles nochmals mit Salz und Pfeffer abschmecken. Als Einlage passen in Weißwein eingelegte Rosinen, gekochter Reis und als Beilage Rosinenbrot.

Lachstatar Rainer Sass

Zutaten:

200 g Lachsfilet (sollte Sushi-Qualität haben)
3 Stangen Frühlingszwiebel
½ Bund frischer Basilikum
2 EL Olivenöl
Meersalz
gemörserter Pfeffer

Lachsfleisch mit dem Messer in kleinste Würfelchen schneiden. Mit fein geschnittenen Frühlingszwiebeln und dem Basilikum verrühren. Olivenöl dazu, alles ganz leicht mit Meersalz und Pfeffer würzen.

Rainers Tipp: Hochzeitssuppe ist das Idealgericht für alle Familienfeiern. Ob Konfirmation, Kindtaufe, Silberhochzeit oder Beerdigung ...

Hochzeitssuppe -> S. 90

Gestampfte Kartoffeln

Kartoffeln im Salzteig Rainer Sass

Zutaten:

geschrubbte fest kochende Kartoffeln (z. B. Cilena)
frischer Rosmarin, Thymian und Dill
Fenchelsamen
grobes Meersalz
ca. 2 kg Salz (für eine mittlere Auflaufform)
1 Eiweiß pro 500 g Salz

Zubehör:
Auflaufform am besten mit Deckel (aber nicht unbedingt nötig)

Salz und Eiweiß in eine Schüssel geben und vorsichtig verrühren, bis der Salzteig Stabilität bekommt. Den Boden einer Auflaufform mit einer Schicht Salzteig fest verschließen. Die ganzen Kartoffeln auf den Salzteig legen und mit den frischen, fein gehackten Kräutern und den Fenchelsamen bestreuen. Den restlichen Salzteig auf die Kartoffeln geben und fest andrücken. Die Auflaufform mit einem Deckel verschließen und für 45 Minuten bei 180 Grad in den Ofen schieben. Vor dem Servieren den Salzteig aufschlagen und die Kartoffeln auf einem Teller anrichten. Dazu die Tomatenmayonnaise reichen. Keine Angst vor dem vielen Salz! Der Teig wird beim Backen fest und überträgt kaum Aroma auf die Kartoffeln.

Gestampfte saure Kartoffeln Erika Malonke

Zutaten:

1,5 kg fest kochende Kartoffeln (Cilena oder Linda)
$^1/_2$ l Kalbs- oder Rinderbrühe (am besten frisch gekocht)
Weißweinessig
1 Prise Zucker
40 g durchwachsener Speck
2 Zwiebeln
frische Kräuter nach Geschmack und Saison, fein gehackt

Kartoffeln schälen und halbieren, in der Brühe aufsetzen und ca. 10 Minuten länger als üblich kochen. Anschließend nicht abgießen, sondern in der Brühe zerstampfen, bis die Kartoffeln die Brühe aufgenommen haben. Mit etwas Weißweinessig und einer Prise Zucker abschmecken. Den durchwachsenen Speck und die Zwiebeln fein würfeln und beides in einer Pfanne knusprig ausbacken. Unter die Kartoffelmasse heben und nach Geschmack mit frischen, fein gehackten Kräutern würzen. Dazu schmecken hervorragend roher Katenschinken oder geräucherte Mettwurstscheiben.

Rainers Tipp: **Die Kartoffel ist mein Lieblingsgemüse. Möglichst nie Beutel- oder Kaufhausware wählen, sondern nur Handverlesene beim Bauern oder auf dem Wochenmarkt kaufen.**

Schwarzwälder Kirschtorte Alfred Kalthoff

Zutaten:

1 Mürbeteigboden
1 Wiener Biskuit, hell
1 Wiener Biskuit, dunkel
Sahnemasse, hell
Sahnemasse, dunkel
Kirschfüllung
Aprikosenmarmelade
Kirschwasser
Schokoladenspäne, Belegkirschen

Für den Mürbeteig:
250 g Backmargarine
125 g Zucker
37,5 g Eier (ca. 2 kleine oder
1 großes Ei)
2,5 g Salz
375 g Weizenmehl, Typ 550
1 TL Zitronensaft
1 Messerspitze Vanille

Für eine Schwarzwälder Kirschtorte brauchen Sie Zeit und viele Zutaten. Aber keine Angst, mit guter Vorbereitung und etwas Übung ist die Königin der Torten wirklich keine schwere Sache.
Die Tortenböden können am Vortag gebacken, der Biskuitboden kann eingefroren werden. Sogar die Kirschmasse kann man gut vorbereiten. Natürlich bieten auch gute Konditoreien fertige Mürbeteig- und Biskuitböden an, bitte keine Fabrikware verwenden.
Wenn die Böden gebacken sind und alles vorbereitet ist, dauert die Zubereitung der Schwarzwälder Kirschtorte mit Sahneschlagen und Zusammensetzen der Köstlichkeiten nur etwa eine Stunde – und die lohnt sich!
Die Zutaten abmessen und kalt stellen. Das Mehl sieben und als Haufen auf eine Arbeitsfläche geben. Eine Mulde in den Mehlhaufen drücken, Zucker, Eier und Gewürze dazugeben. Die kalte Margarine in kleine Würfel schneiden und dazugeben. Den Teig möglichst mit kühlen Händen (vorher kalt abwaschen) kräftig durchkneten, bis er elastisch ist. Alles in Klarsichtfolie packen und im Kühlschrank ruhen lassen (mindestens eine halbe Stunde).
Backblech mit Butter auspinseln und die Fläche mit Mehl bestäuben. Den Teig aus der Folie nehmen, kurz durchkneten und mit dem Nudelholz etwas über den Tortendurchmesser (Springformbreite) hinaus zu einer runden Fläche dünn ausrollen. Beim Zusammensetzen der Tortenzutaten hilft der breitere Boden. Zum Schluss kann man den überstehenden Teig mit einem Messer entfernen. Mit einer Gabel den Tortenboden über die ganze Fläche anstechen. Das verhindert Blasenbildung im Teig.
Im vorgeheizten Backofen den Mürbeteig bei 220 Grad ca. 7–10 Minuten backen.

Rainers Tipp: **Zur nächsten Familienfeier nur Schwarzwälder Kirschtorte von Alfred Kalthoff verwenden! Hier die Telefonnummer: 0 41 41 / 8 21 87**

Wiener Biskuit, hell & dunkel

Alfred Kalthoff

Zutaten für 2 Böden (ca. 28 cm Durchmesser):

500 g Eier (ca. 10 Stück, mittlere Größe)
300 g Zucker
150 g Weizenmehl, Typ 550
150 g Weizenpuder
150 g Backmargarine
eine Prise Salz
etwas Zitronensaft und Vanille
20 g Kakaopulver (zusätzlich für die dunkle Biskuitmasse)

Für die Kirschfüllung:
1 Glas Schattenmorellen
350 ml Kirschsaft (aus dem Glas, wenn es nicht reicht, ergänzen)
120 g Zucker
35 g Weizenpulver
Prise Zimt

Für die Sahnemasse hell:
400 g Sahne
20 ml Kirschwasser
20 g Zucker
20 ml Wasser
3 Blatt Gelatine

Für die Sahnemasse dunkel:
400 g Sahne
20 g Schokoladenkuvertüre, aufgelöst
20 g Zucker
20 ml Wasser
20 ml Arrak (Rum)
3 Blatt Gelatine

Eier und Zucker im erhitzten Wasserbad cremig schlagen. Auf Eiswasser so lange weiterschlagen, bis die Masse abgekühlt ist. Weizenmehl und Weizenpuder vermischen, durch ein feines Sieb zur Eimasse geben und vorsichtig verrühren. Gewürze dazugeben, die Backmargarine erhitzen und unter die Masse ziehen. Die Teigmasse teilen, in die eine Hälfte das Kakaopulver geben und verrühren.
Die Teigmasse in eine ausgebutterte Springform geben und bei 180 Grad im Ofen 35 Minuten backen. Nach dem Backen die Biskuitböden aus den Springformen nehmen und abkühlen lassen.
Vor der Tortenzubereitung die Böden in ein Eisfach stellen und anfrieren. Im angefrorenen Zustand lassen sich die Böden besser durchschneiden.
Für die Kirschfüllung den Kirschsaft mit Zucker und Zimt vermischen und erwärmen. 100 ml Saft herausschöpfen und mit Weizenpuder anrühren. Restsaft aufkochen und mit dem angerührten Weizenpuder ca. 1 Minute köcheln lassen und klar kochen. Jetzt die abgetropften Kirschen dazu. Die Masse von der Herdplatte nehmen und auf einem kleinen Blech oder flachen Schale ausbreiten und auskühlen lassen.
Gelatine einweichen. Zucker, Wasser und Kirschwasser erwärmen. Die ausgedrückte Gelatine dazugeben und einrühren. Die Sahne steif schlagen und die aromatisierte Gelatine unterheben.
Für die dunkle Sahnemasse Schokoladenkuvertüre, Zucker, Wasser und Arrak erwärmen und die Gelatine dazugeben. Alles wieder unter die steif geschlagene Sahne heben.
Schichten der Torte: Die Sahnemassen frisch zubereiten. Alle anderen Zutaten bereitstellen. Das Verstreichen der Sahne und Kirschen geht am besten mit einer Teigkelle und einem langen, breiten Messer (ohne Spitze). Die feste, erkaltete Kirschmasse durchmengen – so wird sie griffiger.
Vom dunklen und hellen Biskuit jeweils zwei 1 ½ bis 2 cm dicke Böden schneiden. Den Mürbeteigboden mit Aprikosenmarmelade bestreichen. Eine Scheibe dunklen Biskuit auflegen. Kirschmasse auftragen, Menge nach Wunsch.
Die Hälfte der hellen Sahne aufstreichen und die zweite Scheibe dunklen Biskuit aufsetzen, leicht andrücken und mit etwas Kirschwasser beträufeln. Rest der hellen Sahne

aufstreichen und eine Scheibe des hellen Biskuitbodens auflegen. Ein Drittel der dunklen Sahnemasse aufstreichen und die zweite Scheibe hellen Biskuit auflegen. Mit der restlichen dunklen Sahne die Torte rundherum einstreichen. Alles mit Schokospänen bestreuen und umranden. Für die Dekoration mit einem Spritzbeutel kleine Sahnetupfen auf die Torte geben und Belegkirschen aufsetzen.

Schwarzwälder Kirschtorte -> S. 96

Geschmortes Chicoréegemüse **Rainer Sass**

Zutaten:

4 frische Chicoréeknollen (beim Kauf auf feste Qualität und einwandfreie junge gelbe Blätter achten)
1 kleine Dose Fleischtomaten (450 g)
2 Schalotten
2 Kapseln Safran, gemahlen oder Fäden
50 g Butter
1 Becher Brühe
0,2 l Prosecco
125 g süße Sahne
1 Zitrone
Salz und Pfeffer nach Geschmack

Die Chicoréeknollen halbieren und den bitteren mittleren Strunk mit einem Messer keilförmig herausschneiden. Die Schalotten klitzeklein hacken. Die Tomaten abgießen, von Kernen und Strünken befreien und klein würfeln. In einem Schmortopf die Butter zerlassen und die Schalotten kurz andünsten. Die halbierten Chicoréeknollen dazugeben, salzen und pfeffern. Das Tomatenfleisch unterheben, mit Prosecco und Brühe ablöschen und mit dem Safran gut vermengen. Safranfäden müssen vor dem Verarbeiten in etwas Wasser leicht aufgelöst werden. Am besten eignet sich hierfür ein Mörser. Es kann aber auch Safranpulver verwendet werden. Die Sahne angießen, alles noch einmal gut vermengen. Mit geschlossenem Deckel 15 Minuten bei kleinster Hitze köcheln lassen. Zum Schluss mit dem ausgepressten Zitronensaft abschmecken.

Hausgemachte Bratwurst Uwe Fahrenkrug

Zutaten:

500 g Schweinebauch
500 g Schweineschulter
14 g Kochsalz
3 g weißer Pfeffer
4 g Rosenpaprika
Knoblauch nach Geschmack, mindestens 1 Zehe
Mineralwasser
Schweinedarm (beim Metzger vorbestellen), ca. 2 Meter

Für die Aromen zum Braten:
Olivenöl
frischer Thymian und Rosmarin
1 Knoblauchzehe

Kochwerkzeug:
handelsublicher Fleischwolf
großer Spritzbeutel
passende Lochtülle

Den Schweinedarm in lauwarmem Wasser etwa 1 Stunde einweichen. Das Schweinefleisch von Haut und Sehnen befreien, nicht alles Fett entfernen, da die Bratwurst sonst trocken wird. Das Fleisch in ca. 2 cm große Würfel schneiden und in einer Schüssel mit den genau abgewogenen Gewürzen und durchgepresstem Knoblauch gut vermengen. Die Fleischwürfel durch den Fleischwolf drehen (mittlere Scheibe). Eventuell etwas Mineralwasser zum durchgedrehten Brät geben, damit es geschmeidiger wird. In die Spitze des Spritzbeutels die Tülle setzen. Eventuell muss die Spritzbeutelöffnung dabei mit einer Schere vergrößert werden. Den Spritzbeutel mit Brät füllen. Ein Ende des Schweinedarms über die Tülle des Spritzbeutels ziehen.

Die Fleischmasse mit einem Löffel vorsichtig bis zur gewünschten Wurstlänge in den Darm pressen. Darauf achten, dass keine Luftblasen entstehen, da die Wurst sonst beim Braten platzt. Den Darm etwas überstehen lassen, an beiden Enden der Wurst mehrmals eindrehen und abschneiden. Man kann die Würste auch mit Küchenschnur verschließen. Vorgang wiederholen, bis das Brät verbraucht ist.

In einer beschichteten Pfanne das Olivenöl erhitzen und die Würste von allen Seiten goldbraun braten. Wer mehr Aroma möchte, gibt noch einen Zweig frischen Thymian und Rosmarin und eine Knoblauchzehe in das Brattfett.

Rainers Tipp: **Mit die beste Thüringer Bratwurst der ganzen Republik gibt es bei meinem Hausschlachter Bömmelburg in Stade. Telefon: 0 41 41/22 34. Sagen Sie, Sie möchten unbedingt den Junior Steffen Bömmelburg sprechen. Der hat öfter auch sensationelle Knoblauchbratwurst vom Rind im Programm.**

Bratwurst -> S. 101

Shiitake aus dem Wok Rainer Sass

Zutaten:

500 g Shiitake-Pilze
1 Haushaltszwiebel
1 Chilischote, scharf
2 Knoblauchzehen
1 walnussgroßes Stück Ingwer
1 Bund Frühlingszwiebeln
Zucker, Salz
0,2 l Brühe
1 EL Weißweinessig
1 EL Sojasauce
Pflanzenöl

Pilze halbieren, Zwiebeln und Ingwer schälen und klitzeklein schneiden. Chili in feine Streifen schneiden, Knoblauch durchpressen. Von den Frühlingszwiebeln das Grüne entfernen, das Weiße in feine Ringe schneiden. Alle Zutaten am Herd bereit stellen. Das Öl im Wok (beschichtete Pfanne geht auch) erhitzen. Pilze, Zwiebeln, Knoblauch, Chili und Ingwer dazugeben, ständig rühren. Mit Salz und Zucker würzen und Frühlingszwiebeln dazugeben. Alle Zutaten ständig bewegen. Jetzt Sojasauce, Essig und Brühe dazu. Erneut abschmecken und wieder rühren. Die Zubereitung dauert nur drei bis vier Minuten. Die Pilze sollen gar und saftig sein, aber nicht zu weich. Wichtig: Immer alles gut bewegen, damit sich die Aromen vermischen und nichts anbrennt. Im Wok gelingt das Rezept besonders gut.
Schmeckt solo oder mit Basmatireis.

Kräuterseitlingsauflauf

Wolfram Rühe-Müller

Zutaten:

500 g Kräuterseitlinge
1 Zwiebel
Saft von 2 Zitronen
1 Bund Petersilie
$^1/_2$ TL gemahlener Kümmel
Salz und Pfeffer
1 EL Butter
1 EL Pflanzenöl
4 Eier
$^1/_4$ l Sahne
Semmelbrösel
Butterflöckchen

Die Kräuterseitlinge falls erforderlich mit einem trockenen Tuch reinigen und in nicht zu kleine Würfel schneiden. Den Stiel mit verarbeiten. Die Zwiebel abziehen und würfeln, Petersilie fein hacken. In einer beschichteten Pfanne Butter und Öl erhitzen und die Zwiebeln kurz andünsten. Die Pilze mit dem Zitronensaft beträufeln und in der Pfanne bei mittlerer Hitze 10–15 Minuten garen. Mit der gehackten Petersilie bestreuen und mit Salz und Pfeffer abschmecken.
Die Pilzmasse in eine Schüssel umfüllen und etwas abkühlen lassen. Eidotter und Eiweiß trennen, Dotter mit der Sahne verquirlen und zu den Pilzen geben. Das Eiweiß steif schlagen und vorsichtig unter die Pilzmasse heben.
Alles in eine feuerfeste Auflaufform umfüllen, mit Semmelbröseln bestreuen und Butterflöckchen besetzen. Im vorgeheizten Backofen bei 200 Grad 5 Minuten überbacken, bis die Kruste goldbraun ist.

Rainers Tipp: Wer keine Lust hat, während der Pilzzeit stundenlang und erfolglos im Wald rumzuhängen, kauft Kräuterseitlinge vom Pilzhof. Schmecken lecker, sparen Zeit. Adresse -> S. 251

Eingelegte Kirschen Rainer Sass

Zutaten:

1 Glas Schattenmorellen, 370 ml
$1/4$ l Rotwein
2 EL Portwein
2 EL dunkler Balsamicoessig
1 Zimtstange
1 Vanilleschote
Sternanis
1 TL Honig

Rotwein, Portwein und Balsamicoessig in einem Topf erhitzen. Die Kirschen ohne den Saft, Zimtstange, Vanilleschote und eine Prise Sternanis dazugeben und alles gut vermengen. Den Honig unterrühren und alles bei milder Hitze 15 Minuten ziehen lassen.

Marinierte Penne rigate Rainer Sass

Zutaten:

400 g Penne rigate
je $1/2$ Bund frischer Thymian und Rosmarin
1 EL gemörserter schwarzer Pfeffer
3–4 EL Olivenöl von bester Qualität

Die Nudeln in reichlich Salzwasser bissfest kochen, abgießen und in eine Schüssel umfüllen. Die Kräuter hacken und zusammen mit dem gemörserten Pfeffer unter die Nudeln heben. Mit dem Olivenöl vermengen und lauwarm servieren.

Rainers Tipp: Männer, vereinigt Euch, gründet Kochclubs! Frauen übrigens auch!

Wildgulasch Kochclub John J. Becker

Zutaten:

1 kg Wildfleisch aus der Schulter oder Keule (Reh, Hirsch, Wildschwein)
1 Zwiebel
1 EL Butterschmalz
200 ml kräftiger Rotwein (Burgunder)
1/2 l Wildfond
frischer Thymian und Rosmarin
2 EL Johannisbeergelee
Schale von unbehandelter Zitrone und Orange
Salz und Pfeffer aus der Mühle

Für den Wildfond (ergibt ca. 2 Liter)
2 kg Wildknochen und -abfälle (die Knochen bereits vom Metzger klein hacken lassen)
2 Bund Suppengrün
3 Zwiebeln
2 EL Tomatenmark
4 Wacholderbeeren
4 schwarze Pfefferkörner
1 Nelke
1 Lorbeerblatt
1 Bund frischer Thymian
3 Zweige frischer Rosmarin
3/4 l kräftiger Rotwein (Burgunder)
4 EL Olivenöl

Das Öl in einem Bräter erhitzen, die Knochen waschen, mit Küchenkrepp trockentupfen und in dem heißen Fett kräftig anbraten. Das Suppengemüse putzen, die Zwiebeln abziehen und alles in Würfel schneiden. Zu den Knochen geben und kräftig mit anbraten. Die Wildabschnitte dazugeben und für 10 Minuten mitbraten. Das Tomatenmark einrühren und mit dem Rotwein ablöschen. Zwei Drittel der Kräuter hacken und zusammen mit den Gewürzen in den Bräter geben. Die restlichen Kräuter für das Wildgulasch beiseite stellen. Alles gut vermengen. Die Knochen sollten mit Flüssigkeit bedeckt sein. Eventuell mit etwas Wasser auffüllen. Den Fond mit geschlossenem Deckel ca. 2–3 Stunden bei kleinster Hitze köcheln lassen. Dabei ab und an mit einer Schaumkelle den Schaum abschöpfen. Sollte sich die Flüssigkeit zu sehr reduzieren, etwas Wasser nachgießen, kurz aufkochen und bei kleinster Hitze weiter köcheln lassen. Die Knochen aus dem Bräter nehmen, den Fond durch ein Sieb in einen Topf passieren, aufkochen und nochmals abschäumen. Langsam durch ein mit einem sauberen Küchentuch ausgelegtes Sieb in einen neuen Topf gießen. Sorgfältig entfetten und bei starker Hitze auf die gewünschte Menge reduzieren.
Zubereitung des Wildgulaschs: Das Fleisch sorgfältig parieren, also von Haut, Sehnen und Fett befreien, und in mundgerechte Würfel schneiden. Die Zwiebel abziehen und fein würfeln, die restlichen Kräuter hacken. Butterschmalz in einem Bräter erhitzen und die Fleischwürfel von allen Seiten vorsichtig anbraten. Die Temperatur sollte nicht zu hoch sein, da das Fleisch sonst sehr fest wird und einen bitteren Geschmack annimmt. Zwiebelwürfel dazugeben und kurz mit anbraten. Den Rotwein angießen, alles gut durchrühren und mit dem Wildfond ablöschen. Salzen, pfeffern und die gehackten Kräuter untermengen. Das Gulasch mit geschlossenem Deckel ca. 1 Stunde bei kleinster Hitze schmoren. Zum Schluss mit Johannisbeergelee und ein klein wenig abgeriebener Zitronen- und Orangenschale abschmecken.
Ideale Beilage zum Wildgulasch anstelle von Spätzle und Preiselbeer-Birne: eingelegte Kirschen und marinierte Penne rigate (Seite links).

Mousse von der Forelle Rainer Sass

Zutaten:

2 frische Forellenfilets
2 geräucherte Forellenfilets
2 eingelegte Sardellenfilets
1 EL Kapern
½ Becher süße Sahne
Zitrone
Salz und Pfeffer aus der Mühle
Cayennepfeffer
frische Petersilie

Die Forellenfilets zusammen mit den Sardellen und Kapern haschieren, also mit einem Messer sehr fein hacken. Einfacher geht es, indem man die Zutaten in eine Moulinette oder einen Küchenmixer gibt und kurz püriert. Das Mus in eine Schüssel umfüllen, mit der Sahne verrühren und mit Salz, Pfeffer, einer Prise Cayennepfeffer und etwas Zitronensaft abschmecken. Zum Schluss klein gehackte Petersilie drüberstreuen. Die Forellenmousse auf geröstetem Schwarzbrot servieren.

Forellen aus dem Ofen Rainer Sass

Zutaten:

4 ganze ausgenommene Forellen (vom Fischhändler ausnehmen lassen)
4 mittelgroße fest kochende Kartoffeln
100 g getrocknete Tomaten
2 Knoblauchzehen
100 g schwarze Oliven ohne Stein
je ½ Bund frischer Thymian, Rosmarin und Salbei
100 ml Hühnerbrühe oder Fischfond
Salz und Pfeffer aus der Mühle
grober Pfeffer aus dem Mörser
5–6 EL natives Olivenöl
8 Scheiben luftgetrockneter Parmaschinken, hauchdünn geschnitten

Die Forellen säubern und von innen leicht salzen. Kartoffeln und Knoblauch schälen, Kräuter fein hacken. Die Kartoffeln in dünne Scheiben schneiden und auf einem tiefen Backblech verteilen. Knoblauch in dünne Scheiben, getrocknete Tomaten in Streifen schneiden und zusammen mit den ganzen Oliven über die Kartoffeln verteilen. Leicht salzen und pfeffern und mit 2–3 EL Olivenöl begießen. Mit den gehackten Kräutern bestreuen. Die Forellen auf das Kartoffel-Gewürz-Beet setzen und mit dem Parmaschinken belegen. Mit gemörsertem Pfeffer bestreuen. Das restliche Olivenöl und die Brühe darübergießen. Das Backblech für ca. 30–35 Minuten in den auf 180 Grad vorgeheizten Backofen schieben.

Forellenfilets mit Knusperkruste Forellenhof Deinste

Zutaten:

4 frische Forellenfilets mit Haut (am besten vom Fischhändler filetieren lassen, fangfrische Forellen sollten vor dem Verarbeiten 1–2 Tage ruhen, da der Fisch ansonsten in der Pfanne zerplatzt)
100 g Weizenmehl
2 Eier
konventionelle Cornflakes für die Panade
Sellerie- oder Kräutersalz
Pfeffer aus der Mühle
Schale einer unbehandelten Zitronenschale
1 EL Butterschmalz

Für die Preiselbeer-Meerrettich-Sahne:
1 Becher süße Sahne
1 TL Sahnemeerrettich
2 EL Preiselbeeren

Die Forellenfilets von beiden Seiten mit Salz, Pfeffer und etwas abgeriebener Zitronenschale bestreuen. Mehl, Eier und Cornflakes auf separaten Tellern bereitstellen. Die Cornflakes für die Panade etwas zerdrücken. Butterschmalz in einer beschichteten Pfanne erhitzen. Die Forellenfilets nacheinander zuerst von beiden Seiten im Mehl wenden, anschließend durch die Eimasse ziehen und zum Schluss in den Cornflakes wälzen. Die Panade gut andrücken und die Filets in der heißen Pfanne ca. 3–4 Minuten von beiden Seiten braten. Wer die Panade gern etwas dunkler mag, kann die Bratzeit entsprechend verlängern. Dabei die Filets mehrmals wenden, damit die Cornflakes nicht anbrennen.
Dazu schmeckt Preiselbeer-Meerrettich-Sahne köstlich: Die Sahne in einer Schüssel steif schlagen. Mit dem Sahnemeerrettich verrühren und die Preiselbeeren unterheben.
Als Beilage eignen sich Salzkartoffeln mit zerlassener Butter, 1 Zitronenscheibe und gehackte Petersilie.

Rainers Tipp: **Im Forellengut Deinste schmecken mir die Klassiker wie Forelle blau, Forelle Müllerin und vor allen Dingen der Karpfen am besten. Man kann golfen, angeln und toll schlafen. Ab nach Deinste! Adresse -> S. 253**

Labskaus André Bonengel und Axel Goldmann

Zutaten für 4–6 Personen:

ca. 1 kg gepökeltes Rindfleisch (Rinderbrust)
250 g Zwiebeln
2 Lorbeerblätter, 2 Gewürznelken,
8 Pfefferkörner
$^1/_2$ TL Senfkörner
1 kg Kartoffeln
150 g Gewürzgurke
150 g eingelegte rote Beete

Beilage pro Person:
1 Spiegelei
1 Rollmops
Rote-Beete-Salat, Gewürzgurke

Gepökeltes Rindfleisch in grobe Würfel schneiden. Zwei Zwiebeln mit Lorbeerblättern und Nelken spicken. Alles in einen Topf geben und mit Wasser bedecken. Pfeffer- und Senfkörner dazugeben und bei milder Hitze das Fleisch gar kochen (ca. $^1/_2$–$^3/_4$ Stunde). Die Kartoffeln schälen, in Salzwasser garen, abgießen und durch die Kartoffelpresse drücken. Fleisch aus der Brühe nehmen (Brühe nicht weggießen!) und durch die grobe Scheibe des Fleischwolfs drehen. Zwiebeln würfeln und in einem Topf in Schweineschmalz glasig gar dünsten. Das Fleisch dazugeben. Unter Rühren alles mit Fleischbrühe auffüllen, es soll halbflüssig werden. Die Gurken in klitzekleine Würfel schneiden und mit dem Kartoffelbrei unterrühren. Bei milder Hitze ca. 20 Minuten durchziehen lassen. Rote Beete durch den Fleischwolf ziehen (oder wie Gurke klitzeklein hacken) und dazugeben. Mit Pfeffer und wenig Salz (Vorsicht: Das gepökelte Fleisch ist sehr salzig!) abschmecken.
Das Labskaus auf Teller verteilen und mit einem Spiegelei krönen. Mit Scheiben von eingelegter roter Beete und Gewürzgurke servieren.

Rainers Tipp: **Herzlichen Glückwunsch, Wilhelmshaven: das große Labskausessen – die beste Idee, seit es Labskaus gibt! Und sprechen Sie mir nach: Zum deutschen Labskaus benutzen wir kein Rindfleisch aus Dosen.**

Scampi-Röstbrot -> S. 114

Scampi-Röstbrot Rainer Sass

Zutaten:

4 Scheiben Graubrot
500 g Scampis, roh mit Schale
4 Knoblauchzehen
1 Bund Frühlingszwiebeln
4 Tomaten, enthäutet, entkernt, gewürfelt
1/2 Tasse frische Kräuter, gehackt
Thymian, Rosmarin, Petersilie, Basilikum
Salz, Pfeffer
Olivenöl
Zitrone

Scampis von der Schale und dem Darm befreien, grob hacken und leicht pfeffern. Tomaten enthäuten, entkernen und würfeln. Das dunkle Grün von den Frühlingszwiebeln abschneiden, den Rest in feine Streifen schneiden, Knoblauch hacken. Graubrot von beiden Seiten in Olivenöl knusprig braten. Die Scampis in Olivenöl scharf anbraten, alles gut bewegen, Knobi, Frühlingszwiebeln und Kräuter dazu und zum Schluss die Tomaten, alles würzen, etwas Zitrone und fertig, ab aufs Brot. Schnell, lecker, gut. Wer es schärfer möchte, gibt noch klein gehackte Chilischote dazu.

Rainers Tipp: Für mich der beste Italiener in Bremen. Unbedingt das Antipasti-Buffet leer räumen! Adresse La Bottega Italiana -> S. 250

Spaghetti Bolognese

Gianni Buccini

Zutaten für 4 Personen:

500 g Spaghetti
200 g Hackfleisch, halb Schwein, halb Rind
200 g geschälte Dosentomaten („San Marzano"-Qualität)
1 Fleischtomate
100 g Staudensellerie
1 Karotte
$^1/_2$ Zwiebel
2 EL Tomatenmark
$^1/_2$ Glas trockener Weißwein
Meersalz
schwarzer Pfeffer aus der Mühle
2–3 wenn möglich frische Lorbeerblätter
Olivenöl
50 g Parmesankäse

Karotte, Sellerie und Zwiebeln grob schneiden (kinderfreundlich: Was man nicht mag, kann man beim Essen besser aussortieren), Fleischtomate häuten und in kleine Würfel schneiden, die Dosentomaten abtropfen lassen, entkernen und grob zerteilen. Saft auffangen und beiseite stellen.
Das Gemüse in einem Topf oder einer hohen Pfanne in Olivenöl anbraten. Das Hackfleisch dazugeben und kurz mit anbraten. Mit Wein ablöschen, dann die Tomatenwürfel, Tomatenmark und die Lorbeerblätter dazu. Alles kräftig mit Salz und Pfeffer würzen. 30 Minuten offen bei kleiner Hitze köcheln lassen, immer wieder umrühren. Wenn die Flüssigkeit zu stark verdampft ist, etwas Tomatensaft nachgießen. Die Sauce soll zum Schluss aber eine sämige Konsistenz haben (lieber etwas länger köcheln lassen).
Die Nudeln in viel Salzwasser kochen, etwa 2 Minuten kürzer, als auf der Packung angegeben. Das Wasser abschütten und die Hälfte der Bolognese dazugeben. Eine Minute bei starker Hitze aufkochen lassen. Die restliche Bolognese dazu und alles kurz vermischen. Auf Teller verteilen und mit frisch geriebenem Parmesankäse servieren.

Spaghetti Bolognese -> S. 115

Muffins Rainer Sass

Variante 1, Zutaten für ca. 16 Muffins:

200 g Mehl
50 g Haferflocken
2 gehäufteTL Backpulver
1 Ei
120 g Zucker
1 Päckchen Vanillezucker
80 ml Pflanzenöl (neutraler Geschmack)
300 g Schmand (saure Sahne)
200 g Apfel oder andere Früchte nach Saison und Geschmack, auch Schokostücke oder Trockenfrüchte möglich

Variante 2, Zutaten für 16 Muffins:

250 g Heidelbeeren (oder andere Früchte)
250 g Mehl
2 ½ TL Backpulver
½ TL Natron
1 Ei
125 g Zucker
1 Päckchen Vanillezucker
80 ml Speiseöl
250 g Naturjoghurt (oder Buttermilch)

Apfel schälen und in kleine Würfel schneiden. Mehl, Haferflocken, Backpulver und Zucker separat verrühren. Alle flüssigen Zutaten in die Rührschüssel geben. Gut verrühren, dann die trockenen Zutaten dazu und wieder alles gut verrühren. Zum Schluss die Früchte vorsichtig unterheben. Muffin-Papierbackförmchen auf ein Backblech stellen oder in die Mulden eines Muffinbackblechs legen und mit dem Teig füllen. Im Ofen bei 180 Grad 20–25 Minuten backen (Backzeit verlängert sich, wenn die Früchte mehr Flüssigkeit enthalten). Für Variante 2 Ei, Zucker, Vanillezucker, Speiseöl und Joghurt verrühren. Mehl, Backpulver und Natron vermischen und dazugeben. Alles gut verrühren und die Früchte unterheben. Den Teig in die Förmchen geben und weiter verfahren, wie oben beschrieben.

Rainers Tipp: Seit den Drehtagen bei Thiele-Tee trinke ich immer mehr Ostfriesentee mit dieser kleinen, immer anders aussehenden Wolke. Thiele-Tee ist noch Tee von Hand gemacht – danke, Frank Thiele! Adresse -> S. 253

Feigensahne Rainer Sass

Zutaten:
100 g getrocknete Feigen
1 Becher süße Sahne
1/2 Becher Mineralwasser
1 TL Koriander, gemahlen
1/2 TL Kreuzkümmel, gemahlen

Alle Zutaten in ein hohes Glas füllen (Weckglas ist ideal) und aufmixen.

Butterkuchen Familie Thiele

Zutaten:

500 g Mehl
1 Paket Hefe
1 Ei
100 g Zucker
1/4 l Milch
125 g Butter
1 Prise Salz

Für den Belag:
ca. 200 g Butter
250 g Mandeln
ca. 150 g Zucker
200 g Sahne
nach Geschmack etwas Zimt

Milch in einem Topf erwärmen und die Butter darin auflösen, in eine Rührschüssel geben. Die übrigen Zutaten dazugeben und alles gut verrühren. Eine Stunde abgedeckt gehen lassen. Den Teig auf ein gefettetes Backblech oder auf Backpapier geben und gut verteilen. Mit einem Handtuch abdecken und eine weitere halbe Stunde gehen lassen. Den Teig mit einer Gabel überall einstechen.
Für den Belag Butter in kleinen Stücken bzw. Flocken gleichmäßig auf dem Teig verteilen. Zucker darüber streuen, dann die gehobelten Mandeln (Zucker- und Mandelmenge kann nach Geschmack variiert werden).
Im Backofen auf der untersten Schiene den Kuchen ca. 15 Minuten backen. Sofort nach dem Backen einen Becher Schlagsahne über den warmen Kuchen gießen. Die Sahne zieht ein und macht den Kuchen besonders saftig. Wer mag, gibt noch eine Zucker-Zimt-Mischung über den Butterkuchen.

THIELE TEE

Thiele-Tee -> S. 118/119

Lammrücken mit Lavendel, Rosmarin und Honig

Rainer Sass

Zutaten für 4 Personen:

$1/2$ Lammrücken mit Knochen
1 Bund frischer Lavendel
3 Zweige Rosmarin
Honig
Salz, Pfeffer
Olivenöl

Lammrücken von allen Häuten befreien und am Knochen 3 cm einschneiden – an beiden Seiten –, hier stopft man den frischen Lavendel und Rosmarin hinein. Von einem Zweig Rosmarin die Nadeln abzupfen und klein hacken.
Nun den Rücken salzen und pfeffern und von allen Seiten in Olivenöl anbraten, dann kräftig mit Honig bestreichen und mit der Pfanne oder in einer Gratinform für 30 Minuten in den Ofen schieben. Mit 2–3 EL Weißwein ablöschen und mit diesem Bratensud, also der Mischung aus Olivenöl, Wein und dem Honig, während der Bratzeit ständig bepinseln. Kurz vor Ende der Garzeit den klein gehackten Rosmarin über den Rücken streuen, nochmals mit Saft beträufeln.
Zum Servieren die Filets auslösen, den Duft genießen und mit Kartoffelknoblauchpüree verputzen.
Wer möchte, kann auch noch während der Bratzeit angedrückten Knoblauch zum Rücken legen.

Rainers Tipp: **Honig statt Zucker. Mehr geht nicht.**

Ziegenkäse mit Honig
Rainer Sass

Zutaten:

Ziegenkäsetaler oder -rolle
Honig, Lavendel- oder Heidehonig
einige gehackte frische Kräuter:
Thymian, Rosmarin, Salbei
Olivenöl
hauchdünner Frühstücksspeck
hauchdünner grüner Speck

Einfach und köstlich: Ziegenkäsetaler oder -scheiben von der Rolle auf ein Backblech legen, mit Honig, Olivenöl und Kräutern belegen und ab in den Backofen. Wer möchte, rollt den Käse noch in Speck – Speck, Honig, Kräuter – lecker!

Naturbelassener
HONIG
Sonnenblume
Heidehonig
Rapsblüte

Heidehonig -> S. 122/123

Bunter Salat mit Apfelsaftvinaigrette Rainer Sass

Zutaten:

Rucolasalat
Radicchiosalat
Chicorée
Feldsalat
Römersalat
Tomatenfleisch
feine helle Champignons

Für die Vinaigrette:
2 TL mittelscharfer Senf
4 EL Apfelsaft
2 EL gehackte Kräuter: Petersilie, Kresse, Rosmarin, Schnittlauch
2 EL Apfelessig
4 EL Olivenöl
Salz, Zucker, Pfeffer

Die Idee ist einfach, aber genial: Alle Salatsorten werden gesäubert, getrocknet und in feine Streifen geschnitten, Chicorée und Champignons ebenfalls. Alles sehr gut mischen und mit der Marinade vermengen.
Die Mengenangabe zur Marinade ist das Grundrezept. Sie können die Mengen natürlich erhöhen, je nach Salatmenge, nur das Verhältnis von Senf, Saft und Essig sollte bleiben.
Der riesige Vorteil des Salats: Da er fein geschnitten und gemischt ist, kaut man nicht ständig auf einer Sorte herum.

Rainers Tipp: In dieser Mensa könnte ich mich auch einige Tage in der Woche wohl fühlen. Leider ist Oldenburg immer so weit weg.

Gemüsegratin

Clemens Scholtalbers

Zutaten für 6 Personen:

1 kg Stangenspargel
250 g grüner Spargel
(außerhalb der Saison kann man auch Broccoli nehmen)
200 g Fenchel
400 g Kohlrabi
300 g Karotten
100 g Lauchzwiebeln
1 kg Kartoffeln
40 g Sonnenblumenkerne
40 g Kürbiskerne
50 g geschroteter Weizen
300 ml süße Sahne
300 ml saure Sahne
1 Bund Schnittlauch
3 Stängel krause Petersilie
1 Päckchen Kresse
200 g geriebener Gouda
frisch gemahlener weißer Pfeffer
Kräutersalz
Sonnenblumenöl
Knoblauch

Den Spargel schälen, in ca. 3 cm lange Stücke schneiden, 5 Minuten blanchieren und abkühlen lassen. Fenchel, Kohlrabi und Karotten schälen und in Streifen schneiden, die Lauchzwiebeln in Ringe schneiden.
Eine große Auflaufform mit Sonnenblumenöl und einer halbierten Knoblauchzehe ausreiben. Die in Scheiben geschnittenen Kartoffeln in der Form verteilen, mit frisch gemahlenem Pfeffer und Kräutersalz würzen.
Das klein geschnittene Gemüse (außer dem Spargel) auf den Kartoffeln verteilen. Nochmals mit Pfeffer und Salz würzen. Weizen, Sonnenblumenkerne und Kürbiskerne in einer Pfanne ohne Fett leicht anrösten und darüber verteilen. Die blanchierten Spargelstücke mit der süßen und sauren Sahne mischen und auf dem Gemüse verteilen. Mit dem geriebenen Gouda bestreuen.
Den Auflauf bei 175 Grad zunächst etwa 30 Minuten backen, anschließend die Hitze auf 150 Grad reduzieren, damit die Kruste nicht zu braun wird, und noch einmal ca. 15 Minuten backen.
Schnittlauch in Ringe schneiden, Petersilie fein hacken und Kresse schneiden. Das Gratin vor dem Servieren mit den frischen Kräutern bestreuen.

Gemüsegratin -> S. 127

Gefüllte Muschelnudeln mit Schichtkäse **Rainer Sass**

Zutaten:

20 Conchiglioni
250 g Schichtkäse
2 EL Olivenöl
2 Knoblauchzehen, durchgepresst
1 Bund Basilikum, gehackt
Salz, Pfeffer
50 g Parmesankäse
20 g Paniermehl

Muschelnudeln bissig gar kochen, abschrecken, beiseite stellen. Schichtkäse mit Knoblauch, Olivenöl und frisch gehacktem Basilikum verrühren, mit Salz und Pfeffer würzen. Diese Creme in die Nudel füllen, mit Parmesan (gerieben) und Paniermehl bestreuen, mit Olivenöl benetzen und ab in den Backofen, für 8–10 Minuten Oberhitzegrill, dann heiß servieren.
Wer möchte, kann noch Paprikaschote, andere Kräuter wie Thymian, Rosmarin oder sogar Bohnenkraut dazugeben – oder ganz scharf etwas Chili.

Rainers Tipp: **Was brauchen wir eigentlich italienischen Mozarella, italienischen Ricotta, italienischen Frischkäse wenn´s Schichtkäse gibt? Entschuldigung Luigi!**

Schichtkäsecreme auf Tomatenbrot Rainer Sass

Zutaten:

500 g Schichtkäse
1 Dose Tomaten, 400 g, ohne Saft, Strünke entfernt
1 Paprikaschote, rot, geschält
2 Schalotten, klitzeklein
1 Tasse Kräuter, frisch, gehackt Thymian, Petersilie, Rosmarin, Basilikum
3 EL Olivenöl
Zucker
frische Tomaten
Schwarzbrot

Dosentomaten ohne Saft und grobe Strünke klein hacken – leicht salzen, pfeffern und mit Zucker bestreuen, dann mit der kleingeschnittenen Paprikaschote, der Schalotte und den gehackten Kräutern und Olivenöl vermischen. Alle Zutaten mit dem Schichtkäse leicht vermengen, erneut salzen und pfeffern. Die Creme auf Schwarzbrot streichen und mit Tomatenscheiben dekorieren, diese noch leicht salzen, pfeffern und zuckern.
Auch hier Sie wieder die Möglichkeit, die Creme nach Ihrem Geschmack zu komponieren. Vielleicht mit etwas Chili oder Zitronenschale oder – auch sehr lecker – statt gemischte Kräuter nur gehacktes Bohnenkraut.

Schichtkäse -> S. 130/131

Lachsseite in Sahne Rainer Sass

Zutaten:

$^{1}/_{2}$ Seite frischer Lachs, ohne Haut und Gräten
5 Schalotten, klitzeklein
$^{1}/_{4}$ l Weißwein
$^{1}/_{2}$ l süße Sahne
Fleisch von 5 Tomaten

Lachsseiten salzen und pfeffern und auf ein Backblech legen. Sahne mit Wein verrühren und mit den klein geschnittenen Schalotten über den Lachs geben, die Lachsseiten sollten von der Flüssigkeit bedeckt sein. Nun das Blech für 30 Minuten bei 180 Grad in den Ofen schieben und den Lachs garen lassen. Die Sauce wird etwas dickflüssiger, darf aber fischig leicht sein, also nicht andicken. Wer möchte, gibt zum Schluss noch Tomatenfleisch über den Lachs.

Rainers Tipp: **Achtung, der Lachs aus der Räucherei in Klein Meckelsen ist für mich der Beste in ganz Europa! Also ab nach Klein Meckelsen, dort gibt's auch Hofverkauf! Idealer Begleiter für alle Räucherlachsgerichte ist Champagner vom Bollinger. Das weiß auch das englische Königshaus. Adresse „Die Räucherei" ->S. 253**

Bohnensalat mit Räucherlachs und Wachtelei

Rainer Sass

Zutaten:

250 g grüne Bohnen
200 g kleine Champignons
Saft 1 Zitrone
20 Cocktailtomaten, halbiert, ohne Strunk
1 Bund Bohnenkraut, gehackt

Für die Marinade:
4 EL Olivenöl
3 EL weißer Balsamico

Bohnen putzen und in mundgerechte Stücke schneiden, bissig gar kochen, abschrecken und in eine Schale geben. Mit gehacktem Bohnenkraut bestreuen. Champignons halbieren und in einer Pfanne in Olivenöl von allen Seiten schön gleichmäßig braten, salzen und pfeffern und mit Zitronensaft würzen. Mit den halbierten Tomaten zu den Bohnen geben und alles mit der Marinade verrühren und gut durchziehen lassen.
Dann auf Teller verteilen, mit einer Tranche Räucherlachs belegen und ein gebratenes Wachtelspiegelei oben drauf.

Räucherlachs -> S. 134/135

CUVÉE
BRUT

Zwischenahner Aal in Rotweinsoße Rainer Sass

Zutaten:

4 Aale à 250–300 g, abgezogen und in große Stücke geschnitten
½ l Rotwein
¼ l Fischfond
1 Gewürzsträußchen
Rote-Beete-Saft
Butter
Balsamicoessig
Salz
Pfeffer

Die gesalzenen, gepfefferten Aalstücke mehlieren und rund 5 Minuten in der Pfanne goldgelb braten. Das Bratfett abgießen, das Gewürzsträußchen dazugeben und mit dem Fischfond und dem Rotwein auffüllen. Die Aale müssen etwa 8 Minuten langsam köcheln, zwischendurch mehrmals wenden. Das Gewürzsträußchen entfernen, mit etwas Rote-Beete-Saft und einigen kalten Butterflöckchen die Sauce sämig rühren. Einige Tropfen guten alten Basalmicoessig dazugeben. Eventuell nochmals mit etwas Salz und Pfeffer abschmecken und anrichten.
Als Beilage eignet sich glaciertes Gemüse der Saison und Bamberger Hörnchen (kleine wunderbare Pellkartoffeln).

Rainers Tipp: **Wenn Sie am Bad Zwischenahner Meer sind, vor Aal in Rotweinsauße einmal um den See wandern! Ein wunderschöner Wanderweg.
Und als zweiter Tipp: in der Spielbank auf 10, 20 und 30 setzen!**

Couscous Helmut Bittlingmaier

Zutaten:

4 Tassen Couscous
4 Tassen Brühe
2 Schalotten
1 Knoblauchzehe
1 Bund Petersilie
50 g Butter
Salz, Pfeffer

Couscous mit Brühe aufgießen, leicht aufkochen und 7–8 Minuten quellen lassen. Danach klein gehackten Knoblauch, Schalotten und Petersilie unter das Couscous heben und mit Salz, Pfeffer und Butter abschmecken.
Ideale Beilage zu geschmortem Aal.

Hamburg hat sich zum kulinarischen Hoch im Norden entwickelt. Und die Hanseaten haben, ähnlich wie in Barcelona, die Elbe und ihren Hafen wieder entdeckt. Jetzt reihen sich die trendigen Restaurants wie eine Perlenkette an der neuen Hafenmeile entlang. Spektakulär der Blick auf den Fluss und die Gerichte auf den Tellern. Die Mixtur aus Fernweh und großen Pötten hat die Köche zu einem derart innovativen Feuerwerk am Herd inspiriert, dass es Sterne und Hauben regnet. First-Class-Fight am Kochtopf.

Marinierter Saibling mit Sushireis und Wasabicreme **Rainer Sass**

Zutaten:

500 g Saiblingsfilet, hauchdünn geschnitten
Saft von 3 Limonen
Meersalz
3 EL Olivenöl
Wasabicreme (asiatischer Meerrettich)
300 g Sushireis

Für den Sud:
50 ml Weißweinessig
30 ml Sake (Reiswein)
1 1/2 EL Zucker
1 1/2 TL Salz

Sushireis in Wasser ganz normal gar kochen, dann den Reis in eine große, breite Schüssel geben, nach und nach den Sud angießen und gut verrühren. Saiblingsfilets in hauchdünne Scheiben schneiden, auf eine Platte legen und mit Meersalz, Olivenöl und Limonensaft 4–5 Minuten marinieren. Dann mit Sushireis und Wasabicreme servieren.
Dazu passt lauwarmer Reiswein oder Bier.

Gefüllte Kirschtomaten **Rainer Sass**

Zutaten:

30 Kirschtomaten
1 Paprikaschote, rot, geschält
2 Schalotten, klitzeklein
1 Bund Schnittlauch
1 EL Olivenöl
1 Paket Frischkäse, 250 g
2 EL Sahne
Salz, Pfeffer

Die Tomaten aushöhlen und leicht salzen. Die Zutaten Paprika, Schnittlauch und Schalotten mit dem Frischkäse verrühren. Etwas Sahne und Olivenöl beigeben, damit die Masse geschmeidig wird. Mit Salz und Pfeffer würzen und die Tomaten damit füllen.

Rainers Tipp: **Gefüllte Kirschtomaten – ein idealer Snack für unterwegs. Schnell gemacht und lecker!**

Seeteufel auf würzigen Stampfkartoffeln mit grünem Currysabayon **Axel Henkel**

Zutaten für 4 Personen:

800 g Seeteufelfilet
600 g geschälte mehlig kochende Kartoffeln
100 g rote Zwiebeln, in Würfel geschnitten
1 Salatgurke, geschält und in Würfel geschnitten
1 Eigelb
2 Zimtstangen
4 Sternanis
1/2 l Orangensaft
Schale von einer 1/2 Orange
1 Knoblauchzehe
1 TL Korianderkörner, angeröstet
4 Rosmarinzweige
1 TL grüne Currypaste
2 Schalotten
1/4 l Weißwein
Salz zum Abschmecken

Kartoffeln schälen und mit leicht gesalzenem Wasser aufsetzen. Zimtstangen, Sternanis, Knoblauch, Koriander, Schalotten und Orangenschale mit Weißwein und Orangensaft auffüllen und auf die Hälfte einkochen. Sieben. Mit den Eigelben zum Sabayon aufschlagen. Mit der Currypaste würzen. Mit Salz abschmecken. Die roten Zwiebeln werden in etwas Zucker gegart und mit etwas Essig abgeschmeckt. Die gekochten Kartoffeln abdämpfen. Gurke, Paprikawürfel und die roten Zwiebeln dazugeben und mit etwas Salz abschmecken. Kartoffeln stampfen oder durch eine Presse drücken. Der Fisch wird mit Salz, Pfeffer und etwas Paprika gewürzt, leicht in Mehl gewendet, abgeklopft und sofort mit etwas heißem Olivenöl gebraten.
Man richtet das Kartoffelgemüse in einem Ring an, darum herum den Sabayon, und garniert mit Rosmarinzweigen, die kurz frittiert wurden. Daneben den Fisch geben.

Kir Royal Rainer Sass

Zutaten:

1 EL Creme de Cassis
Champagner

Creme de Cassis in ein Champagnerglas geben und mit eiskaltem Champagner auffüllen. Dazu passen frische Beerenfrüchte wie Himbeeren, Brombeeren oder Erdbeeren.

Gimlet Rainer Sass

Zutaten:

0,4 cl Gin
0,4 cl Roses Lime Juice
Limonenscheiben

Gin und Lime Juice auf Eis rühren und in einer Cocktailschale mit einer Scheibe Limone servieren.

Martini-Cocktail Rainer Sass

Zutaten:

1 Hauch Vermouth dry (1 cl)
5 cl Gin
Oliven mit Stein
viel Eis

Eis in ein Rührglas geben und einen Hauch Vermouth darüber gießen. Vermouth wegschütten und den Gin auf das aromatisierte Eis gießen, rühren und mit Oliven servieren.

Rainers Tipp: Einfach mal die drei klassischen Drinks servieren statt Weißwein, Rotwein und Grappa.

Gepökelter Tafelspitz mit Petersiliensoße
Brigitte Budweg

Zutaten für 10 Personen:

ca. 2 kg Tafelspitz zusammen mit Wurzelgemüse (Sellerie, Lauch, Karotten)
10 Pfefferkörner
3 Sardellenfilets
2 Knoblauchzehen

Für die Petersiliensoße:
4 Bund glatte Petersilie
1 EL Kapern
1 TL Senf
3 Sardellenfilets
1 Tasse Brühe
1 Tasse kaltgepresstes Olivenöl

Tafelspitz in kochendes Wasser geben und 1–2 Stunden garen, im Sud erkalten lassen. Anschließend vom Fett befreien und in dünne Scheiben schneiden. Auf einer Platte anrichten.
Die Soße mit dem Mixstab pürieren und mit Pfeffer und Salz abschmecken. Über das Fleisch geben und mit rosa Pfefferkörnern bestreuen.

Paprika in Olivenöl **Brigitte Budweg**

Zutaten:

10 Paprikaschoten
50 ml Balsamessig
200 ml Olivenöl
Salz, Pfeffer
Knoblauch

Paprika bei 200 Grad im Backofen garen, bis die Haut Blasen zeigt. Unter einem nassen Tuch erkalten lassen. Aus Olivenöl, Balsamessig, Salz, Pfeffer und Knoblauch eine Marinade mischen. Die Haut der Paprika abziehen und die Früchte in Streifen geschnitten in die Marinade geben. Einige Stunden ziehen lassen.

Gebackene Karotten **Brigitte Budweg**

Zutaten:

3 Bund Karotten
9 EL Olivenöl
1 1/2 EL Estragon
1 Zitrone
Salz, Pfeffer
Balsamessig

Karotten geschält und in Stücke geschnitten mit Olivenöl verrühren und bei 180 Grad ca. 15–20 Minuten backen, zwischendurch wenden. Anschließend salzen, pfeffern und mit gehacktem Estragon, geviertelten Zitronenscheiben mischen. Etwas weißen Balsamessig und kaltgepresstes Olivenöl darüber geben, vermengen und anrichten.

Nudelsalat Rainer Sass

Zutaten:

500 g Farfalle oder Penne rigate
1 Fenchelknolle
1 Möhre
1 Bund Frühlingszwiebeln
200 g Broccoli
2 EL Olivenöl
2 EL Weißweinessig

Für die Mayonnaise:
1 Becher süße Sahne
1 Ei
1 EL Senf mittelscharf
2 EL Olivenöl
Saft einer $1/2$ Zitrone
Salz
Pfeffer
Zucker

Alle Gemüse akkurat in feine, gleichmäßige Stifte oder Streifen schneiden, in Olivenöl 3–4 Minuten in einer großen Pfanne gar dünsten, mit Weißweinessig ablöschen, salzen und pfeffern. Nudeln al dente kochen, abschrecken, mit dem lauwarmen Gemüse vermengen. Diesen Salat auf eine Platte geben und mit der aufgemixten Mayonnaise übergießen. Dazu einfach Sahne, Ei, Senf, Olivenöl und Zitronensaft mit einem Stabmixer aufmixen. Wer mehr Gemüse möchte, erhöht einfach den Broccoli- oder Möhrenanteil.

Lammrücken mit Pflaumen-Cognac-Sauce Mamma Mia

Zutaten:

180 g Lammrücken
100 g Sahne
5 Backpflaumen
Salz
Butter
Cognac

Den Lammrücken in einer Pfanne mit Olivenöl braten. In eine zweite Pfanne die Backpflaumen mit Salz und Butter geben, das Ganze mit Cognac flambieren und danach die Sahne hinzugeben. Einige Minuten ziehen lassen.
Dazu am besten Gemüse wie Broccoli oder Spinat servieren.

Pizza Parma und Rucola **Mamma Mia**

Zutaten für 4 Personen:

$^{1}/_{4}$ Hefeblock
2 cl Olivenöl
1–2 TL Salz
300 ml kaltes Wasser (nach Bedarf mehr oder weniger, bis der Teig die richtige Geschmeidigkeit hat)
750 g Mehl (Typ 550)
geschälte Tomaten
Mozzarella
Parmaschinken
Rucolasalat

Die Hefe mit dem Salz zerreiben, danach das kalte Wasser und das Olivenöl hinzugeben. Eventuell etwas Zucker dazu, damit die Hefe besser geht. Das Mehl in eine Rührschüssel geben. Dann die Hefemasse nach und nach untermischen. Alles gut durchrühren und anschließend auf einer bemehlten Fläche den Teig gut durchkneten (wer eine Teigmaschine hat, kann diese natürlich auch verwenden). Falls der Teig zu sehr bröselt oder ihm die Geschmeidigkeit fehlt, ruhig noch etwas Wasser dazugeben. Den fertigen Teig an einem warmen Ort ca. 1 Stunde lang abgedeckt gehen lassen. Danach den Teig noch einmal durchkneten, in Portionen teilen oder eine große Kugel (für ein Backblech) formen. Erneut 1 Stunde gehen lassen.
Für den Belag frische Tomaten in dünne Ringe schneiden oder häuten und grob pürieren. Man kann auch Dosentomaten von hoher Qualität verwenden. Mozzarella in Scheiben schneiden. Ein Backblech mit Olivenöl auspinseln. Den dünn ausgerollten Teig darauf geben. Das Tomatenpüree (oder die dünnen Tomatenscheiben) ohne Zutaten verwenden und auf dem dünn ausgerollten Teig verstreichen. Den Mozzarella auf die Soße legen und die Pizza bei 300 Grad etwa 4–7 Minuten backen (bei 250 Grad 10–15 Minuten). Den Parmaschinken in mundgerechte Stücke zupfen, den Rucola waschen und mit Salz und Olivenöl marinieren. Pizza aus dem Ofen nehmen und den Parmaschinken und den marinierten Rucolasalat auflegen.

Rainers Tipp: **Ristorante Mamma Mia in der Barnerstraße. Immer noch mein Lieblingsitaliener. Grazie, Jungs! Adresse -> S. 250**

Pizza -> S. 147

Hummersalat Rainer Sass

Zutaten (für 4–6 Personen als Vorspeise):

2 lebende Hummer, je 350 bis 400 g oder 2 gekochte Hummer frisch vom Fischhändler
Meersalz, Kümmel
1 Pfirsich
Fleisch von 2 Tomaten

Für die Mayonnaise:
4 Eigelb
1 Tasse Sonnenblumenöl
1 Schnapsglas Cognac
1 Schnapsglas Martini, trocken
1 EL Ketchup
Salz, Pfeffer

Salzwasser zum Kochen bringen, etwas Kümmel dazu. Die Hummer in das sprudelnde Kochwasser geben und 7–8 Minuten kochen lassen. Anschließend die Hummer in kaltem Wasser auskühlen lassen. Die Schwänze mit einer Drehbewegung vorsichtig aus den Panzern ziehen, dann mit einem schweren Messer der Länge nach halbieren, Hummerfleisch entnehmen. Die Hummerscheren anschlagen und das Fleisch vorsichtig herausbrechen. Das Hummerfleisch in mundgerechte Stücke schneiden. Pfirsich enthäuten, entkernen und das Fleisch würfeln.
Tomaten enthäuten, entkernen und ebenfalls würfeln. Für die Mayonnaise das Eigelb mit dem Sonnenblumenöl kräftig verrühren, dazu das Öl erst tropfenweise zu den Eiern geben, ständig mit dem Schneebesen schlagen, dann das restliche Öl dazugeben, sodass eine sämige, lockere Konsistenz entsteht. Wichtig ist die Verwendung einer großen Edelstahlschüssel. Eigelb und Öl müssen die gleiche Temperatur haben. In diese aufgeschlagene Mayonnaise kommen Cognac, Martini, Ketchup, Pfirsich- und Tomatenfleisch und zum Schluss natürlich das Hummerfleisch. Alles noch leicht salzen, pfeffern und servieren.

Rainers Tipp: **Mein Lieblingsfischhändler: Hummer Pedersen in der Hafenstraße. Jetzt auch mit Bistro.**

Geschichtetes vom Kabeljaufilet Joachim Niehusen

Zutaten:

300 g Kabeljaufilet
Mehl, Typ 405
4 Tomaten
Dijon-Senf
Olivenöl
alter Balsamico
Salz, Pfeffer
Basilikumblätter

Fisch in 1 cm dicke Scheiben schneiden, mit Salz, Pfeffer und Dijon-Senf vermengen, anschließend durch das Mehl ziehen und in Olivenöl anbraten, von jeder Seite ca. 1 Minute, das Filet soll noch saftig sein. Die Tomaten ebenfalls in 1 cm dicke Scheiben schneiden, mit Salz und Pfeffer würzen, durch das Mehl ziehen und in Olivenöl anbraten. Die Fisch- und Tomatenscheiben abwechselnd mit den Basilikumblättchen zu kleinen Türmchen aufschichten und auf einem Spiegel aus Balsamico, dem restlichen Olivenöl, Salz und Pfeffer anrichten.

Seesaibling mit Bohnenpüree und Ingwersauce

Josef Viehhauser

Zutaten:

2 Seesaiblinge à 600 g
1/2 l Fischfond

Für die Sauce:
50 g eingelegter Ingwer
10 g Zucker
Limonensaft
150 g Crème fraîche
50 g frischer Ingwer
50 g kalte Butterwürfel
Salz, Cayennepfeffer

Für das Bohnenpüree:
200 g Pahlbohnen
1 Schalotte
50 g Butter
20 g Sahne
50 g kalte Butterwürfel
etwas Mineralwasser
Limonensaft
1 Prise feuchtes Meersalz
Salz, Cayennepfeffer

Für die Ingwersauce den Zucker karamellisieren lassen, eingelegten Ingwer und den Limonensaft dazugeben, weich köcheln lassen und in der Küchenmaschine fein mixen. Zu dem Ingwerpüree die Crème fraîche hinzufügen und mit Salz, Cayennepfeffer und Limonensaft abschmecken. Nach Geschmack frisch geriebenen Ingwer dazugeben. Zum Schluss die Sauce aufmixen und mit kalten Butterwürfeln montieren.
Für das Bohnenpüree die Schalotte in 20 g Butter glasig anschwitzen und die frischen Pahlbohnen dazugeben. Salzen und mit Wasser bedecken. Wenn die Bohnen nach etwa 40 Minuten gar sind, in der Küchenmaschine mixen. Das Püree durch ein Sieb passieren. Die passierte Masse mit der Sahne warm rühren. 30 g Butter bräunen und ebenfalls unter das Püree mischen. Mit einem Schneebesen die kalten Butterwürfel montieren, sodass das Püree Bindung erhält. Mit Salz und Limonensaft sowie Cayennepfeffer abschmecken.
Die Saiblinge entgräten, filetieren und in Fischfond bei 80 Grad pochieren. Saiblinge, Ingwersauce und Bohnenpüree nebeneinander auf den Tellern anrichten.

Rainers Tipp: Ich kaufe meine Enten und Gänse bei der Firma Nobis in Vechta. Spitzenqualität zu fairen Preisen. Adresse -> S. 253

Aalsuppe anderer Art Josef Viehhauser

Zutaten:

1 Ostseeaal
2 l Fischfond
1 Stange Lauch
$1/2$ Sellerie
1 Karotte
300 ml Sherry, auf ein Drittel reduziert
1 Zwiebel
1 Lorbeerblatt
6 Backpflaumen
1 Apfel
1 Birne
Zitronensaft
Salz, Pfeffer

Den Aal filetieren und in 12 gleich große Stücke schneiden. Lauch, Karotte und Sellerie in Rauten schneiden und je 1 EL beiseite stellen. Das restliche Gemüse klein hacken und mit den Gräten und der Haut des Aals kurz anschwitzen, mit dem Fischfond auffüllen. Das Lorbeerblatt und die gebräunte Zwiebel mitkochen. Den Fond auf 800 ml reduzieren, durch ein Tuch passieren und entfetten. Den reduzierten Sherry der Suppe beigeben. Mit Salz und Pfeffer abschmecken.
Die Gemüserauten blanchieren und die Backpflaumen halbieren. Den Apfel und die Birne achteln und tournieren und mit den Aalstücken in Suppentellern verteilen, mit der Suppe auffüllen.

Krosse Vierländer Ente mit Bordeauxsauce

Josef Viehhauser

Zutaten:

2 Vierländer Enten à 1,8 kg
2 Äpfel
1 Orange
1 Bund Majoran
1 Bund Rosmarin
Salz, Pfeffer

Für die Sauce:
$3/4$ l Bordeaux
1 l dunkler Geflügelfond

Die Enten säubern, die Flügelspitzen abschlagen und ebenso wie Hälse und Mägen klein hacken. Die Enten mit den kleingeschnittenen Früchten und den Kräutern füllen und mit Hilfe eines Küchengarns binden. Die Enten mit Salz und Pfeffer einreiben. Das gehackte Entenklein in einen Bräter geben, dann die Enten mit der Brust nach oben darauf setzen. $3/4$ l Wasser angießen und bei 160 Grad im Backofen etwa 55 Minuten braten.
Nach dieser Zeit das Fett abschöpfen, die Temperatur auf 210 Grad erhöhen und weitere 10 Minuten braten, damit die Enten schön kross werden. Anschließend die Enten herausnehmen, den Rotwein angießen und um zwei Drittel reduzieren. Den Geflügelfond dazugeben und auf $1/2$ Liter reduzieren. Den Fond durch ein Spitzsieb passieren und sämig einkochen lassen.
Die Enten tranchieren und mit der Sauce anrichten. Als Beilage frisches Gemüse.

Topfenknödel mit Zwetschgenröster Manfred Stocker

Zutaten:

500 g Topfen (Quark)
40 g Puderzucker
40 g Butter
1 Ei
1 Eigelb
125 g Mehl
Salz, Vanillezucker, Zitronenabrieb

Für die Butterbrösel:
100 g zerlassene Butter
1 EL Kristallzucker
100 g Brösel

Für den Zwetschgenröster:
150 g Zwetschgen, halbiert und entsteint
100 g Zucker
Saft von 2 Zitronen
1/4 Zimtstange
1/4 l Rotwein

Die Butter mit dem Zucker, Salz, Vanillezucker und Zitronenabrieb schaumig rühren, Ei und Eigelb dazugeben, zum Schluss Mehl und Topfen untermengen. Für ca. 1 Stunde im Kühlschrank ruhen lassen. Anschließend kleine Knödel formen und in leicht wallendem Salzwasser ca. 12 Minuten köcheln lassen.
Für die Butterbrösel die Butter in einer Pfanne schmelzen, Brösel und Zucker dazugeben und goldgelb rösten. Die fertigen Knödel darin wälzen und mit Staubzucker bestreuen, mit Zwetschgenröster servieren.
Für den Zwetschgenröster den Zucker karamellisieren und die entsteinten Zwetschgen hinzufügen. Zitronensaft und Zimtstange beigeben, mit dem Rotwein auffüllen und kurz köcheln lassen. Vor dem Servieren Zimtstange entfernen.

Rainers Tipp: **Ein Restaurant zum Verlieben. Küss die Hand, gnädige Frau. Hier ist alles lecker, köstlich und bezahlbar. Danke, Manfred Stocker, es hat mich sehr gefreut!** **Adresse -> S. 250**

Erdäpfel-Gurken-Salat **Manfred Stocker**

Zutaten:

600 g kleine Kartoffeln
(Sieglinde, fest kochend)
60 g Zwiebeln, fein geschnitten
1/4 l Rindssuppe
3 EL Tafelessig (5 % Säure)
6 EL Pflanzenöl
Salz, Pfeffer
1 Bund Lauchzwiebel
etwas Schnittlauch
1 Salatgurke, geschält

Gekochte Erdäpfel noch heiß schälen, in feine Scheiben schneiden. Sofort mit warmer Suppe angießen, Öl, Zwiebeln, Essig, Salz und Pfeffer beigeben. Den Salat vorsichtig rühren, bis er eine sämige Bindung erhält. Den geschnittenen Schnittlauch und Lauchzwiebeln beigeben. Die in feine Scheiben geschnittene Salatgurke leicht einsalzen und unter den Kartoffelsalat heben.
Der Erdäpfelsalat schmeckt am besten lauwarm, er darf nicht mit den Zwiebeln und dem Schnittlauch über Nacht im Kühlschrank stehen.

Wiener Schnitzel **Manfred Stocker**

Zutaten:

600 g Kalbsfricandeau oder Schale
2 Eier
Salz
Mehl, glatt
Semmelbrösel
Öl oder geklärte Butter

Für die Garnierung:
Zitronenspalten,
krause Petersilie

Kalbsfleisch portionieren (4 Schnitzel). Ränder leicht einschneiden, Schnitzel mit Klarsichtfolie bedecken und zart plattieren (klopfen). Die Stärke der Schnitzel ist individuell auf den persönlichen Geschmack abgestimmt, misst jedoch im Normalfall ca. 6 mm. Schnitzel beidseitig gleichmäßig salzen, Eier mit Gabel verschlagen (nicht mixen). Schnitzel in Mehl beidseitig wenden, durch Eier ziehen und danach in Semmelbröseln wenden (Brösel zart andrücken). Schnitzel leicht abschütteln. Reichlich Fett (Tiefe etwa 2–3 cm) in passender Pfanne erhitzen. Schnitzel in heißes Fett einlegen. Unter wiederholtem Schwingen in der Pfanne die Schnitzel bräunen, mittels Fleischgabel vorsichtig wenden, fertig backen (Gardauer: ca. 3–5 Minuten, je nach Stärke) und mit Backschaufel aus der Pfanne heben. Schnitzel abtropfen lassen, mit Küchenkrepp das überschüssige Fett abtupfen.

Wiener Schnitzel -> S. 155

Gegrillte Steaks vom Rind **Rainer Sass**

Empfohlene Fleischstücke:
Rumpsteak mit Fettrand, aus dem hinteren Teil des Roastbeefs geschnitten, 2–3 cm dick

Hüftsteak, ohne Fettrand, in dünne Scheiben geschnitten, maximal 1 cm dick

Rib-Eye, aus dem Kern der Hochrippe, mit Fett durchzogen (marmoriert), dicke Scheiben, mindestens 300 g

Zutaten und Gewürze:
Rosmarin und Thymian, am besten frisch
Olivenöl, kaltgepresst
Limonensaft
Salz
frisch gemahlener schwarzer Pfeffer

Beim Fleisch unbedingt auf gute Qualität und artgerechte Haltung achten. Keine abgepackte Ware, sondern beim Metzger Ihres Vertrauens kaufen. Hüft- und Rumpsteak am besten im Ganzen kaufen und selber portionieren. Rib-Eye ist nicht immer zu bekommen – vorbestellen.
Die Fettränder erst nach der Zubereitung entfernen. Sie geben dem Fleisch die Saftigkeit, verhindern das Austrocknen und verstärken das Aroma.
Zubereitung: Rumpsteaks je nach Geschmack in daumendicke oder etwas dünnere oder dickere Scheiben schneiden, den Fettrand einritzen, da sich die Steaks sonst wellen könnten. Nur salzen und pfeffern.
Auch die Rib-Eye-Steaks nur salzen und pfeffern, kein Fett entfernen! Die Hüftsteaks in dünne Scheiben schneiden, salzen und pfeffern. Mit Olivenöl bestreichen und mit frisch gehacktem Thymian und Rosmarin bestreuen.
Zum „Pflegen" der Hüftsteaks kann man noch eine Marinade aus Olivenöl und Limonensaft zubereiten.
Grillen: Für die Zubereitung auf glühender Holzkohle, auf dem Elektrogrill oder im Ofen ist es besonders wichtig, dass die Hitze stimmt. Die Holzkohle durchglühen lassen, den Ofen vorheizen. Die hohe Oberflächentemperatur führt dazu, dass sich die Poren sofort schließen. Das Fleisch wird so außen herrlich knusprig und bleibt innen schön saftig.
Die Bratzeit für die Rumpsteaks richtet sich nach der Dicke der Scheiben. Ein daumendickes Steak braucht ca. 3–4 Minuten, das Rib-Eye etwa 6–8 Minuten von jeder Seite. Wer die Steaks „medium" mag, verkürzt die Garzeit. Vor dem Anschneiden die dickeren Steaks etwas ruhen lassen.
Die Hüftsteaks nur kurz auf den heißen Grill legen, ca. 1 Minute. Während des Grillens das Fleisch mit der Olivenöl-Limonen-Marinade bepinseln.

Schweinefilets im Speckmantel **Rainer Sass**

Zutaten:

1 Schweinefilet, ca. 500 g
dünne Scheiben durchwachsener Speck, 100 g
kleine Zweige frischer Thymian und Rosmarin
frische Salbeiblätter
Pfeffer

Zubehör:
kleine Holzspieße

Das Schweinefilet von den Häuten befreien und in 3 cm dicke Medaillons schneiden. Die Speckscheiben auf Medaillonbreite auslegen und mit den frischen Kräutern belegen. Die Medaillons auf die Speckscheiben setzen und einrollen.
Mit Holzspießchen fixieren. Die kleinen Päckchen pfeffern, nicht salzen – der Speck gibt genügend Würze ab. Alles für ca. 10 Minuten auf den Grill legen. Falls der Speck zu schnell verbrennt, ab und zu mit Olivenöl bepinseln.

Exotische Salsa **Hendrik Thoma**

Zutaten:

6–8 reife, aromatische Tomaten
1 rote Zwiebel
1–2 EL frischer Koriander
1 EL Olivenöl, kaltgepresst
2 Limonen
Meersalz und Pfeffer aus der Mühle

Von den Tomaten den Strunk entfernen, Tomaten entkernen und in kleine Würfel schneiden. Die Zwiebel schälen und ebenfalls fein würfeln, in einer Schüssel mit den Tomaten vermengen. Frische klein gezupfte Korianderblätter, Olivenöl und Limonensaft dazugeben. Alles nochmals gut miteinander vermengen und 1–2 Stunden ziehen lassen.

Rainers Tipp: Hamburgs beste Weinnase arbeitet in Hamburgs schönstem Hotel, also auf ins Jacob und nach Hendrik Thoma fragen. Im Sommer unschlagbare Gartenterrasse – da fährt einem der Dampfer fast durch die Erdbeertorte. Adresse -> S. 250

Weintipps von Hendrik Thoma: 2001er Redoma Rose Niepoort Vinhos, Douro Portugal. Zu beziehen über Ardau, Tel. 02 21/3 93 10
1998er Cava Brut Nature Reserva de la Familia Juve y Camps, Penedes
1999er Brolio Castello di Brolio, Toskana
Zu beziehen über Smart Food & Drink, Tel. 02 21/12 04 47
2000er Malbec „Alamos Ridge“ Bodegas Esmeralda, Mendoza, Argentinien
Zu beziehen über FuB, Tel. 02 21/9 25 93 00

Jost Deipmar, Thomas Martin, Rainer Sass und Hendrik Thoma suchen Mitfahrgelegenheit zum Elbstrand -> S. 158/159

URANT JACOB

Lasagne mit Steinpilzfüllung **Mario Zini**

Zutaten:

400 g Weizenmehl
100 g Hartweizendunst (extra feiner Hartweizengrieß)
3 Eigelb
1 ganzes Ei
Olivenöl (erste Pressung)
ca. 20–40 g getrocknete Steinpilze (je nach Geldbeutel)
oder Steinpilzmehl (im Feinkosthandel zu kaufen)
1 TL Salz
1 Prise frisch geriebene Muskatnuss

Für die Füllung:
200 g frische Steinpilze von fester Qualität und wurmfrei (außerhalb der Saison können auch Zuchtpilze wie Champignons oder Kräuterseitlinge verwendet werden)
½ Bund glatte Petersilie
Olivenöl, Salz, Pfeffer

Für die Sauce („Fonduta"):
250 g Fontinakäse (italienische Käsespezialität mit süß-nussigem Geschmack, alternativ können auch andere aromatische Bergkäse verwendet werden)
125 ml Milch
1 EL Butter
1 EL Mehl
weißer Pfeffer aus der Mühle, Salz
50 g frisch geriebener Parmesan

Den Fontinakäse in kleine Stücke schneiden, in eine Schüssel geben und die Milch dazugießen. Zugedeckt an einem kühlen Ort einige Stunden ziehen lassen.
Getrocknete Steinpilze in einer Küchenmaschine zu einem feinen Mehl verarbeiten. Für den Teig das Weizen- und Hartweizenmehl mischen, auf eine Arbeitsfläche häufen und in die Mitte eine Mulde drücken. Eigelb, Ei, Steinpilzmehl, Olivenöl und Gewürze in die Mulde geben. Die Zutaten mit einem Kochlöffel oder einer Gabel vorsichtig verrühren und dabei das Mehl vom Rand langsam mit einrühren, bis eine krümelige Masse entsteht. Den Teig jetzt mit den Händen zu einer elastischen Masse verkneten. Falls der Teig zu trocken ist, einfach etwas mehr Olivenöl dazu. Den Steinpilzteig in Folie wickeln und eine Stunde im Kühlschrank ruhen lassen. Den Teig in Stücke schneiden, etwas mehlieren und in der Nudelmaschine (oder mit dem Nudelholz) dünn ausrollen, am besten gleich in der Breite der Auflaufform. Die fertigen Teigblätter für 2–3 Minuten in Salzwasser kochen und auf einem sauberen Küchenhandtuch abtropfen lassen, abdecken und beiseite stellen.
Steinpilze säubern, in große Würfel und Scheiben schneiden. Die Pilze in einer beschichteten Pfanne in Olivenöl etwa 4–5 Minuten braten, dann salzen und pfeffern und mit gehackter Petersilie bestreuen.
Für die Käsesauce Fontina (oder anderen Käse) in kleine Würfel schneiden oder reiben. Butter in einem Topf erhitzen und das Mehl unterrühren, bis die Mischung keine Blasen mehr zeigt. Milch dazugeben, durchrühren und aufkochen lassen, dann die Käsewürfel dazu. Alles bei kleiner Hitze verrühren, bis der Käse geschmolzen ist und die Sauce eine cremige Konsistenz hat. Mit Salz und Pfeffer würzen.
Die gebratenen Steinpilze dazu, alles gut durchrühren, und die Füllung ist fertig.
Eine feuerfeste Auflaufform mit Butter auspinseln und den Boden mit Teigplatten auslegen. Überstehende Teigränder abschneiden. Jetzt eine 1 cm dicke Schicht der Füllung in die Form geben und wieder Teigplatten daraufsetzen, wieder Füllung auf die Nudelblätter und eine weitere Schicht Teigplatten. Die oberste Schicht mit etwas Käsesauce (ohne Pilze) bestreichen, alles mit Parmesankäse bestreuen und mit Olivenöl beträufeln.
Die Lasagne kommt bei 190 Grad für 15 Minuten in den heißen Backofen.

Schnelle Tomatensauce Rainer Sass

Zutaten:

1 große Dose Tomaten („San Marzano"-Qualität)
oder 1 kg frische Tomaten, gehäutet und gewürfelt
1 Knoblauchzehe
1 TL frischer Thymian
1 TL frischer Rosmarin
2 Schalotten
3 EL Olivenöl (erste Pressung)
1 Prise Zucker
1 rote Chilischote, klein gehackt
1 Prise Zucker, Salz
Tomatenmark nach Geschmack

Von den Dosentomaten die Strünke entfernen. Knoblauch und Schalotten schälen und in feine Würfel schneiden. Chilischote und frische Kräuter fein hacken. Schalotten und Knoblauch in einem Topf glasig andünsten (nicht braun werden lassen!). Das Tomatenfleisch mit dem Saft dazugeben und alles mit einem Kartoffelstampfer oder einer Gabel leicht pürieren. Die Kräuter, Chilischote und etwas Olivenöl dazugeben und mit Salz, Pfeffer und Zucker würzen. Wer mehr Tomatengeschmack haben möchte, gibt noch etwas Tomatenmark dazu. Die Sauce im offenen Topf bei milder Hitze 30 Minuten köcheln lassen, bis sie eine cremige Konsistenz hat.
Die Sauce zur Lasagne servieren.

Rainers Tipp: **Feinste italienische Küche im La Scala. Brauchen Sie noch eine antike Aufschnitt- oder Espressomaschine feinster Bauart? Mario Zini hat's! Adresse-> S. 250**

Rauchen
und jeder Gebrauch
von Feuer polizeilich
verboten!
Vorsicht
beim Laufenlassen
der Motore
Vergiftungsgefahr!
VINTAGE
4651
BRITISH COLUMBIA
HH MZ 282H

La Scala
Mario Zini -> S. 162/163

Flambierte Bananen Rainer Sass

Zutaten:

2 Bananen
1 Becher süße Sahne
1 EL Butter
4 EL Ricard (Anisschnaps, alternativ kann auch Pernod verwendet werden)
Sesamkörner oder geröstete Mandeln nach Geschmack

Zubehör:
1 große feuerfeste Pfanne mit flachem Rand

Die Bananen schälen, halbieren und der Länge nach einmal durchschneiden. Butter in der Pfanne zerlassen und die Bananenviertel bei schwacher Hitze anbraten. Dabei darf sich eine leichte braune Kruste bilden – aber Vorsicht, die Bananen dürfen nicht zermatschen! Pro Banane 1 EL Ricard in die Pfanne geben und mit einem Streichholz anzünden (Achtung, Stichflamme!). Während des Flambiervorgangs die Pfanne ständig bewegen, damit der Alkohol verdampfen kann und die Flamme ausbrennt. Anschließend die Sahne drübergießen und nach Geschmack mit Sesamkörnern oder gerösteten Mandeln bestreuen. Dazu schmeckt Vanilleeis einfach köstlich.

Gebratenes Steinbuttfilet mit Pankokruste

Steffen Henssler

Zutaten:

500 g Steinbuttfilet (frisch und von bester Qualität)
200 g helle Misopaste (japanische Sojabohnenpaste)
1 Tüte Panko (japanisches Paniermehl)
Mehl
2 EL Pflanzenöl
Salz, Pfeffer

Das Steinbuttfilet in vier gleich große Stücke schneiden, salzen und pfeffern. In einer Pfanne das Öl erhitzen. Die Fischfilets vorsichtig in Mehl wenden und im heißen Öl ca. 30 Sekunden von jeder Seite anbraten. Inzwischen die Misopaste mit wenig Wasser verrühren. Die abgetropften Fischfilets auf ein Backblech legen und die Oberfläche dünn mit der Misopaste bestreichen. Nicht zu dick mit dem Panko bestreuen und für ca. 10 Minuten bei 220 Grad im vorgeheizten Backofen gratinieren. Dazu passt eine leichte Fischfond-Weißwein-Sauce.

Rainers Tipp: Hier boxt jeden Abend der Papst im Kettenhemd. Immer volles Haus und tolle Stimmung, dazu erstklassige Multi-Kulti-Küche vom jungen Henssler. Achtung, Besuch macht süchtig! Adresse -> S. 250

Gebratenes Tunasashimi mit Balsamico

Steffen Henssler

Zutaten:

400 g Thunfischfilet in Sashimiqualität (kaufen Sie nur absolut frischen Fisch, keine Tiefkühlware!)
400 ml Balsamicoessig
1 EL Honig
Togarashipfeffer (auf Chili basierender Gewürzpfeffer)
Pflanzenöl

Das Thunfischfilet in 4 gleich große Stücke schneiden und von allen Seiten vorsichtig mit dem Togarashipfeffer würzen. Lieber etwas sparsamer würzen, da der Pfeffer sehr scharf ist! Öl in einer Pfanne erhitzen, die Fischfilets von jeder Seite ca. 15 Sekunden scharf anbraten. Die Filets aus der Pfanne nehmen, in ca. 3 mm dünne Scheiben aufschneiden und dekorativ auf Tellern anrichten. In einem Topf Balsamicoessig und Honig verrühren, auf ca. 100 ml einkochen lassen und über den Sashimischeiben verteilen.

Kartoffelrolle **Steffen Henssler**

Zutaten:

800 g Kartoffeln
1 Beet Shisokresse (alternativ Gartenkresse oder Koriander)
12 Wan-Tan-Blätter (hauchdünne Nudelteigblätter, ca. 10 cm Durchmesser)
Salz, Pfeffer
Sesamkörner
Sesamöl
1 Eigelb
Pflanzenöl

Zubehör:
Kartoffelpresse

Die Kartoffeln schälen und in Salzwasser weich kochen. Im vorgeheizten Backofen kurz ausdämpfen lassen. Anschließend die Kartoffeln durch eine Kartoffelpresse in eine Schüssel drücken. Die Masse mit Salz, Pfeffer, etwas Sesamöl und Sesamkörnern abschmecken. Mit einer Küchenschere die Kressespitzen abschneiden und unter die Kartoffelmasse heben. Die Wan-Tan-Blätter einzeln auslegen. Ca. 1 EL von der Kartoffelmasse in eine Ecke des Blattes setzen, diese Ecke darüber schlagen, dann die beiden angrenzenden Ecken nach innen klappen, das Päckchen zur vierten Ecke hin aufrollen. Vor dem Verschließen die letzte Ecke mit etwas Eigelb einpinseln und andrücken. Auf die gleiche Weise die restlichen Blätter verarbeiten. Reichlich Öl in einem Topf erhitzen und die Wan-Tan-Päckchen darin fast schwimmend unter Wenden goldbraun braten. Herausnehmen, auf Küchenpapier abtropfen lassen und sofort servieren.

EVERLAST
EVERLAST

Nudel-Kartoffel-Kalat Rainer Sass

Zutaten für 4 Personen:

200 g Orecchiette (Muschelnudeln)
1 große Kartoffelknolle, fest kochend
200 g Fleischwurst
1 Bund Petersilie
1 Becher Joghurt, 150 g
2 EL Mayonnaise
1 EL Weißweinessig
Salz, Zucker, Pfeffer

Nudeln in Salzwasser gar kochen, abschrecken. Kartoffel schälen, fein würfeln und in Salzwasser gar kochen, dann abschrecken. Fleischwurst fein würfeln, Petersilie hacken.
Für das Dressing Joghurt mit Majo, Essig, Salz, Zucker und Pfeffer verrühren, die Nudeln, Kartoffeln, Wurst, Petersilie mit dem Dressing verrühren, in kleine Gläser füllen und servieren. Mit einem kleinen Strahl Olivenöl krönen.

Hähnchenkeulen mit Rosmarin Rainer Sass

Zutaten:

4 Hähnchenkeulen
1 Zweig Rosmarin
Salz, Pfeffer
Lavendelhonig
Olivenöl

Werkzeug:
scharfes Messer

Hähnchenkeulen am Gelenk teilen, die Haut vorsichtig mit dem Messer von dem Fleisch trennen und in die Zwischenräume frischen Rosmarin geben, salzen und pfeffern und in Olivenöl von allen Seiten anbraten. Dann mit etwas Weißwein ablöschen und für 20 Minuten in den 200 Grad heißen Backofen geben. Während der Bratzeit die Keulen ständig pflegen, also mit Bratensaft beträufeln, wenden und zum Schluss mit Honig bestreichen. Dann Oberhitze einschalten und alles knusprig-gold übergrillen – vorsichtig: Honig verbrennt schnell!
Zum Picknick verputzen. Schmecken kalt fast besser als warm. Wichtig: Unbedingt freilaufendes Geflügel verarbeiten – mit computergesteuerten Eisklumpen aus der Truhe wird's nichts!

Gefüllte Tomaten Rainer Sass

Zutaten:

Cocktailtomaten, ausgehöhlt
Frischkäse oder Ziegenfrischkäse
Paprikaschote, rot, grün, gelb, enthäutet
Basilikum, frisch, gehackt
Paprikapulver
Cayennepfeffer
Salz, Pfeffer
Olivenöl

Paprikaschoten mit dem Gemüseschäler schälen, Strunk und Trennwände innen entfernen und dann sehr fein würfeln. Basilikum fein hacken, alles mit Frischkäse, Olivenöl und Gewürzen vermengen und mit dieser würzigen Creme die kleinen Tomaten (Kerne entfernen) füllen.
Wie die Creme schmecken soll, bleibt Ihnen überlassen. Vielleicht nicht so viel Paprika, lieber mehr Basilikum oder Pfeffer – viel Spaß!

Milchreis mit Erdbeeren Rainer Sass

Zutaten für 8–10 kleinere Portionen:

500 g Milchreis
0,5 l süße Sahne
0,5 l Milch
1 Vanillestange
1 Zimtstange
1 Sternanis
1 EL Honig
500 g Erdbeeren
Saft und Schale von 1 Orange
etwas Zucker
1 Bund Minze
gemörserter Pfeffer, schwarz

Erdbeeren putzen, vierteln und zuckern, mit abgezogener Orangenschale und Saft einer Orange würzen, alles 20 Minuten durchziehen lassen, dann gehackte Minze dazugeben.
Für den Milchreis Reis mit Gewürzen in Milch-Sahne-Mischung kochen und mit Honig würzen. Nach 25 Minuten die Gewürze herausfischen und leicht abkühlen lassen.
1 Tasse marinierte Erdbeeren in eine hohe Schüssel geben und mit dem Mixstab pürieren.
Alles wie folgt anrichten: noch warmen Milchreis in ein kleines Glas füllen, Erdbeeren dazu, etwas Erdbeermus, und mit gemörsertem Pfeffer würzen.

Rainers Tipp: **Für mich eines der schönsten Ereignisse der letzten Drehtage: morgens um 9 im Achter des Ruderclubs von 1866 zu sitzen und das Kommando zu haben über so ein schönes, großes Schiff. Ahoi!**

Andere Ziele

Es gibt sie, die Erzeuger und Köche, die den Reichtum der regionalen Küche wieder entdecken. Mit frischen Produkten, die vor der Haustür wachsen, ist eine neue deutsche Küche entstanden, die lustvoll auf regionale Tradition setzt, sie aber originell und kreativ neu interpretiert.
Vom Deichlamm über den Havelzander bis zur Frankfurter Grünen Soße – Zutaten und Gerichte, die exzellent sein können. Wichtig ist die Qualität! Und man findet überall in unserem Land Geschäfte und Märkte, Restaurants und Bistros, die diese wichtigste Voraussetzung guter Küche erkannt und umgesetzt haben.

Büffelmozzarella aus Brandenburg,
wer hätte das gedacht! -> S. 186

Hähnchenflügel mit Honig-Orangen-Sauce

Rainer Sass

Zutaten:

Hähnchenflügel
Saft von 1 Orange
1 EL Honig (Lavendelhonig bevorzugt)
1 EL frische Thymianblätter
Salz
Cayennepfeffer
Olivenöl

Hähnchenflügel salzen und mit Cayennepfeffer leicht einreiben. Für die Sauce den Orangensaft mit Honig verrühren und mit Thymianblättern aromatisieren. Die Hähnchenflügel zum Ende der Grillzeit mit der Marinade bepinseln. Bitte erst zum Schluss, sonst verbrennt alles!

Mit Mozzarella und frischem Basilikum gefüllte Hähnchenbrust in einer Olivensauce mit Kartoffelauflauf Jens Reiner Boldt

Zutaten:

4 Hähnchenbrüste mit Haut
100 g Büffelmozzarella
einige Blätter frischer Basilikum
Olivenöl zum Braten
Salz, Pfeffer
andere Gewürze
4 Schalotten
12 große Oliven, hell oder dunkel
8 kleine Strauchtomaten
0,1 l Sahne
0,1 l trockener Weißwein

Für den Kartoffelauflauf:
6–8 Kartoffeln (mehlig oder teilweise mehlig kochend, also einheimische Sorte)
4 Schalotten
1 Knoblauchzehe
Salz
weißer Pfeffer
Koriander, gemahlen
0,3 l Sahne
100 g Parmesankäse
etwas Olivenöl

Die Hähnchenbrüste etwas salzen und pfeffern, danach mit dem Messer eine Tasche in das Fleisch schneiden. Den klein geschnittenen Mozzarella mit dem Basilikum in die Tasche füllen. Die Brüste mit einem Holzstäbchen oder einer Rouladennadel verschließen und mit dem Olivenöl bei mittlerer Hitze braten. In den Bratenansatz die Schalotten, die Oliven sowie die abgezogenen Strauchtomaten geben und gleichzeitig mit dem Weißwein die leckeren Röststoffe in der Pfanne lösen. Alles einkochen lassen und nachschmecken.
Für den Auflauf werden die Kartoffeln geschält und in dünne Scheiben geschnitten. Die Schalotten ebenfalls schälen und in kleine Würfel schneiden. Danach die Knoblauchzehe pellen und in hauchdünne Scheiben schneiden. Die Sahne wird mit den Gewürzen nach Belieben abgeschmeckt. Jetzt die Schalotten und den Knoblauch in Olivenöl anschwenken, dieses mit den Kartoffelscheiben mischen und in eine Auflaufform geben.
Die Sahne auffüllen und mit dem geriebenen Parmesankäse bedecken und im Ofen bei 160 Grad ca. 40 Minuten backen.
Weinempfehlung:
1987 Riesling Spätlese trocken, Abtsberg, Maximin Grünhäuser

Rainers Tipp: Kleiner Wochenendtrip gefällig? Ab nach Schwerin! Ein wunderschönes Städtchen.

Salat von gebratenem Spargel mit gebeiztem und geräuchertem Stör Michael Lamen

Zutaten für 4 Personen:

500 g grüner Spargel
Olivenöl
Salz, Pfeffer
4 braune Champignons
Kirschtomaten
einige schöne Salatblätter
2–3 Zweige glatte Petersilie
0,1 l Salatdressing

Zum Beizen des Störs:
500 g Störfilet
100 g frische Dillspitzen
2–3 Petersilienstängel, fein gehackt
je 5 g Wacholderbeeren, Pfeffer-, Senf- und Korianderkörner, fein gestoßen
1 EL Weißweinessig
$^1/_8$ l Olivenöl
20 g Salz
5 g Pökelsalz
10 g Zucker

Holzigen Teil des Spargels abschneiden, dicke Spargelspitzen längs halbieren. Den Spargel kurz kräftig anbraten, wieder herausheben und würzen. Die Champignons hobeln und mit dem Spargel kurz in Dressing marinieren. Kirschtomaten, Salatblätter und Petersilienblätter schön anrichten und Spargel und Champignons anlegen. Den Stör in sehr feine Scheiben schneiden und anrichten.
2–3 Tage vorher: Aus den Zutaten zum Beizen des Störs eine Marinade bereiten und auf eine Auslegeplatte mit hohem Rand geben. Den Fisch von beiden Seiten gut andrücken. Den Fisch mit der Marinade fest in Folie packen und beschwert 2–3 Tage im Kühlschrank ziehen lassen, dabei alle 6–8 Stunden wenden. Vor dem Servieren die groben Marinadeteile mit dem Messerrücken entfernen.
Tipp: Kauft man kaltgeräuchertes Störfilet hinzu, kann die Menge für den gebeizten Stör entsprechend reduziert werden. Man kann auch andere Fische beizen (der bekannteste Beizfisch ist der Graved Lachs). Bei kleinen Fischen müssen die Filets übereinander gestapelt, mit Marinade dazwischen, gebeizt werden.

Rainers Tipp: Für mich ist Michael Lamen der beste Koch in Mecklenburg-Vorpommern. Auf nach Krakow am See, wunderschöne Lage, preisgünstige Unterkunft. Adresse Restaurant „Ich weiß ein Haus am See" -> S. 252

Ragout von Huhn und Kaninchen mit Ratatouille

Michael Lamen

Zutaten für 4 Personen:

1 Kaninchen oder 4 Kaninchen-keulen
1 Maispoularde oder 4 Poularden-keulen
Salz, Pfeffer
Öl
Lorbeerblatt
Thymianzweig
Knoblauchzehe
Weißwein
Hühnerbrühe

Für das Ratatouille:
je 2 gelbe und rote Paprika
2 kleine Zucchini
1 Aubergine
1 Zwiebel
1 Staudensellerie
1 Fenchelknolle
0,1 l Olivenöl
etwas grobes Meersalz
Pfeffer
2 Knoblauchzehen
ca. 500 g Fleischtomaten (abgezogen)
Lorbeerblatt
Basilikum

Das Huhn und das Kaninchen in je 8 Teile zerlegen, würzen und in einer Pfanne kräftig anbraten und in einen Bräter legen. Das Fett abschütten und den Bratsatz mit etwas Wein (den man später zum Essen trinkt) löschen und zu dem Fleisch geben, danach mit etwas Hühnerbrühe ablöschen, Gewürze und Kräuter zugeben und mit aufgelegtem Deckel ca. 30 Minuten bei 175 Grad im Ofen schmoren. Die Paprika achteln, die Hautseite mit Öl einpinseln und die Haut unter dem Grill rösten, bis sie schwarz wird bzw. sich ablöst. Das Olivenöl und die beiden Knoblauchzehen mit Salz und Pfeffer mit dem Handmixer aufschlagen. Die Aubergine würfeln und in dem gewürzten Olivenöl marinieren. Ungeschälte Zucchini, Fenchel, Zwiebel und Staudensellerie ebenfalls klein schneiden und in weiterem Olivenöl anbraten. Die Paprika abziehen, etwas klein schneiden und zugeben, die Auberginenwürfel in einer getrennten Pfanne von allen Seiten bei starker Hitze anbraten und ebenfalls zugeben. Zum Schluss die Tomaten beigeben, alles noch etwas mit Biss schmurgeln lassen. Das Fleisch ausheben, von den Knochen lösen und unter das Ratatouille heben. Den Schmorfond ggf. etwas einkochen, mit Tomatenmark binden und in das Ragout geben. Die Basilikumblatter erst unmittelbar vor dem Servieren zugeben.
Tipp: Das Ragout kann schön vorbereitet werden und als Picknick auf offenem Feuer fertig geschmurgelt werden. Es kann auch lauwarm oder kalt mit Baguette genossen werden. Als Beilage empfehlen sich Reis, Ofenkartoffel oder Crostinis.

Blutwurst in Kartoffelteig Rainer Sass

Zutaten:

Blutwurst
Kartoffeln
Salz, Pfeffer
Crème fraîche

Kartoffeln schälen, grob raspeln und in einem Geschirrtuch ausdrücken. Hierfür das Tuch zu einem Beutel formen und den Saft aus den Kartoffeln wringen. Blutwurst in Scheiben schneiden. Jeweils eine Scheibe mit Kartoffelraspeln umschließen, fest zusammendrücken und in Butterschmalz ausbraten, bis die Blutwurstscheiben knusprig braun sind. (Die restliche Kartoffelstärke gibt den Talern den nötigen Halt.) Crème fraîche vorsichtig und leicht erhitzen, dann über den gebratenen Blutwursttaler geben.

Rainers Tipp: **Diese Blutwurst muss man einfach bestellen. Passt nicht nur zu Sauerkraut und Kartoffelpüree. Bestelladresse Fleischerei Gleich -> S. 253**

Sauerkraut Rainer Sass

Zutaten:

500 g Sauerkraut (Reformhaus)
3 Apfel, Boskop
3 Zwiebeln
50 g Butter
1 Lorbeerblatt
10 Pfefferkörner
5 Wacholderkörner
Salz
trockener Weißwein, Riesling

Vor dem Verbrauch des Sauerkrauts den Saft ausdrücken. Apfel schälen, entkernen und in Scheiben schneiden. In Butter mit den Zwiebeln andünsten, Sauerkraut beigeben. Gewürze dazu, mit Weißwein ablöschen, sodass das Kraut bedeckt ist. Bei geschlossenem Deckel 40 Minuten köcheln lassen. Mit Salz und eventuell etwas Zitronensaft abschmecken.

Geschmorte Ochsenwade Michael Hoffmann

Zutaten:

4 Stück Ochsenwade ohne Knochen à ca. 220 g, von Tieren aus artgerechter Haltung
600 g kleine geschälte Zwiebeln
1 EL Meersalz
2 EL Olivenöl
Mehl zum Bestäuben
2 Flaschen Rotwein

Das Fleisch von allen Seiten salzen und pfeffern, mit Mehl bestäuben und in einem Schmortopf in Olivenöl anbraten. Das Fleisch zur Seite stellen und in dem gleichen Topf die Zwiebeln im Ganzen zusammenfallen lassen. Das geht am besten, wenn der Topf mit den Zwiebeln für eine halbe Stunde bei 200 Grad in den Ofen kommt. Wenn die Zwiebeln eine gelbgoldene Farbe angenommen haben, das Fleisch darauf setzen, das Meersalz zugeben und die Oberfläche mit Mehl bestäuben. Den Fleischtopf für ca. 30 Minuten in den 200 Grad heißen Ofen geben. Anschließend den Ofen auf 160 Grad zurückschalten. Jetzt erst den Rotwein dazugeben, ca. eine halbe Flasche, bis das Fleisch zur Hälfte bedeckt ist. Während der Schmorzeit von ca. 4 Stunden den restlichen Rotwein nach und nach aufgießen, immer wenn ein Teil der Flüssigkeit im Topf verdampft ist. Während der letzten halben Stunde alles mit geschlossenem Deckel fertig garen lassen. Das Fleisch herausnehmen, warm stellen, die Sauce passieren und auf die gewünschte Konsistenz reduzieren. Kurz vor dem Servieren mit einem Schneebesen 2 EL Olivenöl einrühren.
Wer dem Schmorgericht eine sommerliche Leichtigkeit geben möchte, serviert dazu eine Sauce Gribiche.

Rainers Tipp: Aromaküche vom Feinsten! Das Restaurant Margaux in Berlin – unbedingt besuchen! Adresse -> S. 252

Sauce Gribiche **Michael Hoffmann**

Zutaten:

25 g krause Petersilie
25 g Basilikum
2 Schalotten
1 Knoblauchzehe
1 Gewürzgurke
etwas Saft von Gewürzgurken
5 g geröstete Pinienkerne
1 abgezogene Tomate
100 ml kaltgepresstes Olivenöl
je 1 EL gehackte Schalotten,
Kapern und Sardellen
Salz, Pfeffer, Zucker

Die Petersilie mit Basilikum, Schalotten, Knoblauch, Gewürzgurke, Pinienkernen und der Tomate grob hacken, das Olivenöl zugeben, mit etwas Salz, Pfeffer und Zucker würzen und 20 Minuten ziehen lassen. In einem Mixer pürieren und dabei wenig Gurkensaft zugeben. Kurz vor dem Servieren die gehackten Schalotten, Kapern und Sardellen unterrühren.
Beim Servieren die kalte Sauce über das Fleisch geben.

Hühnerherzenspieße Rainer Sass

Zutaten:

Hühnerherzen
Salz, Pfeffer
getrockneter Oregano
Zitrone
Salz
scharfe Tomatensauce

Hühnerherzen von groben Adern und Sehnen befreien, aufspießen und mit Oregano und Pfeffer würzen, nicht salzen. Dann grillen und dabei ständig mit Olivenöl einpinseln. Vor dem Verputzen mit Salz und Zitronensaft würzen.
Dazu Tomatensugo und Fladenbrot.

Rainers Tipp: **Ich habe in meinem ganzen Leben noch nie einen so köstlichen, hauchdünnen und feinen Döner gegessen wie bei Hazir. An Alle: Ab nach Berlin, die haben sechs Filialen!**

Tomaten-Sugo Rainer Sass

Zutaten:

1 Dose geschälte Tomaten
Chilischoten, scharf, in kleine Würfel geschnitten
3 EL Olivenöl
2 Knoblauchzehen, in Würfel geschnitten
1 TL Thymian, Rosmarin, Tomatenmark
1/2 Bund Petersilie, fein gehackt
1 Prise Zucker
Pfeffer und Salz
getoastete Baguettescheiben

Zwiebeln und Knoblauch in Olivenöl dünsten, Tomaten, Tomatenmark und Chilischoten dazugeben, 20 Minuten köcheln lassen, mit den Kräutern, Zucker, Pfeffer und Salz abschmecken. Guten Appetit wünscht Rainer Sass!

Hühnerherzen aus Berlin -> S. 182

Marinierter Mozzarella Rainer Sass

Zutaten:

2 Kugeln Mozzarella in Scheiben
Schale von 1 Zitrone
Schale von 1 Orange
1 Bund Bohnenkraut, gehackt
2 EL Olivenöl
2 Becher Crème fraîche
3 EL süße Sahne
Salz, Pfeffer

Crème fraîche mit Sahne verrühren, mit Schale von Zitrone und Orange, Bohnenkraut, Olivenöl, Salz und gemörsertem Pfeffer würzen und über den in Scheiben geschnittenen Mozzarella geben. Dann nochmals mit grobem Pfeffer würzen. Dazu Baguette und Weißwein.

Mozzarellarolle/Mozzarellaturm Rainer Sass

Zutaten:

2 Büffelmozzarellaplatten (oder 2 große Büffelmozzarellakugeln)
100 g dünn geschnittener Parmaschinken
2 Fleischtomaten
1 Bund Basilikum
1 Bund Rucola
Pfeffer, Salz
Olivenöl

Die Mozzarella-Platte auslegen und mit Parmaschinken belegen. Tomaten ganz dünn in Scheiben schneiden und auf den Schinken legen. Mit Salz und Pfeffer bestreuen und mit Olivenöl beträufeln. Basilikumblätter und/oder Rucola auf den Tomaten verteilen und die belegte Mozzarellaplatte zusammenrollen. In Scheiben schneiden und die farbenfrohe Spirale auf einen Teller legen. Mit Olivenöl beträufeln. Dazu Oliven und etwas Salat.
Wenn man keine Mozzarellaplatte bekommt, kann man das Rezept auch als Turm servieren. Die Mozzarellakugel wird in Scheiben geschnitten und mit den Zutaten schichtweise belegt: Schinken, Tomaten, Basilikum/Rucola und oben auf kommt wieder eine Mozzarellascheibe.

Kalbskotelett mit Mozzarella Rainer Sass

Zutaten:

2 Kalbskoteletts mit Tasche, ca. 200 g
1 Kugel Mozzarella
2 Tomaten, enthäutet und entkernt
2 Knoblauchzehen, fein gehobelt
1 TL getrockneter Thymian
1 TL getrockneter Rosmarin
Olivenöl, Butter

Vom Metzgermeister eine Tasche ins Kalbskotelett schneiden lassen. In diese Tasche füllt man klein geschnittenen Mozzarella und Tomaten und hauchdünne Knobischeiben. Alles mit Thymian und Rosmarin würzen, dann das Kotelett mit Spießen verschließen, salzen und pfeffern und in Olivenöl/Butter anbraten. Dann 15 Minuten im Ofen bei 200 Grad braten lassen. Solo verputzen.

Rainers Tipp: **Der nach nichts schmeckende Kaufhaus-Mozzarella (Kuhmilch) hat mit dem Original, dem richtigen Mozzarella, nix, aber auch gar nix zu tun. Also lieber einen Mozza weniger, aber dann vom Büffel!**

Rührei Florentin Café Einstein

Zutaten:

3 Eier
100 g frischer Spinat
1 Schalotte
Butter

Den frischen Blattspinat waschen und putzen. Die Schalotten in feine Würfel schneiden. In einer Pfanne etwas Butter erhitzen, die Schalottenwürfel und den Blattspinat hineingeben und glacieren lassen. Anschließend die Rühreier zufügen und leicht anziehen lassen, dann leicht mit dem Kochlöffel rühren, bis die Eier cremig weich werden und sich in großen weichen Flocken vom Boden absetzen. Auf vorgewärmtem Porzellan anrichten.

Rainers Tipp: Für mich das beste Frühstück in Deutschland, gleich nach dem Jacob in Hamburg. Hallo, Jacob! Ohne Wenn und Aber! Adresse -> S. 252

Obstsalat mit Müsli Café Einstein

Zutaten:

1 süße Ananas
$^{1}/_{2}$ Charantais-Melone
1 Mango
1 Kiwi
1 Papaya
8 Erdbeeren

Für das Müsli:
Hafervollkornflocken
Weizenvollkornflocken
Cornflakes
Haselnusskerne, gehackt

Die Erdbeeren vierteln. Kiwi schälen und in Scheiben schneiden, die Papaya schälen und in Spalten schneiden. Mango, Ananas und Melone in Würfel schneiden. Alle Früchte vermischen und zum Müsli reichen.

Brathuhn mit schwarzen Trüffeln **Rainer Sass**

Zutaten:

1 Brathuhn
Salz, Pfeffer
schwarze Trüffel
Olivenöl

Statt Rosmarin steckt man Trüffelscheiben unter die Haut, dann nur salzen und pfeffern – nicht füllen – und ab in den Ofen. Das Huhn vorm Braten kräftig mit Olivenöl einreiben, so bleiben Salz und Pfeffer am Huhn.

Rainers Tipp: **Ohne BOS-Food geht gar nichts! Adresse -> S. 253**

Brathuhn mit Couscous Rainer Sass

Zutaten:

1 Brathuhn, freilaufend, ca. 1–1,2 kg
2 Zitronen, unbehandelt
2 Orangen, unbehandelt
Salz, Pfeffer
2 Rosmarinzweige
Lavendelhonig

Huhn säubern, salzen und pfeffern. Die Haut an Keule und Brust vom Fleisch lösen und kleine Rosmarinzweige hineinstecken. Gefüllt wird das Huhn mit klein geschnittenen Zitronen und Orangen. Bratzeit 1 Stunde – während des Bratens immer mit dem Bratensaft bestreichen und zum Bratende den Vogel mit Honig bestreichen. Vorsicht: Honig verbrennt schnell.
Die Füllung – also Zitronen und Orangen – wird aus dem Huhn genommen und unter den Couscous gemischt.

Couscous Rainer Sass

Zutaten:

1 Wurzel
1 große Zwiebel
2 Stangen Frühlingszwiebeln
1/2 Bund glatte Petersilie
1 Knoblauchzehe
3 Tassen Couscous (hochwertiger Hartweizengrieß), Vivien Paille
3 Tassen Brühe
Schale von 1/2 Zitrone, feinste Würfel
Schale von 1/2 Orange, feinste Würfel
2 EL Olivenöl

Wurzeln, Zwiebel, Frühlingszwiebeln, Knoblauch und Petersilie in feinste Würfelchen schneiden – viel Arbeit, aber wichtig, da nur 7 Minuten Garzeit. Orangen- und Zitronenschale ohne weiße Haut fein würfeln. Alle Zutaten in 2 EL Olivenöl andünsten, Couscous dazugeben, mit Wasser aufgießen, salzen und zugedeckt 7 Minuten quellen lassen. Mit einem Holzlöffel immer etwas rühren, dann Butter dazu und fertig.
Weitere mögliche Gemüseeinlagen: geschälte Paprika, Tomatenfleisch, Fenchel, Möhren, alles immer sehr fein geschnitten.
Beim Hühnchenrezept (links) kann auf Orangen- und Zitronenschale verzichtet werden, da Zitrone und Orange im Huhn.

Alle Öle von BOS Food -> S. 190/191

OLIO
EXTRA
ARDOINO
Olio Extra
arena
OlivaVerde
FRANTOIO

Schleswig-Holstein

Statt nur auf fremde Teller zu schauen, lohnt sich wieder der Blick in heimische Töpfe. Jede Region hat ihre Delikatessen. Der jungfräuliche Hering ist eine Meeres-Gabe, die nirgends sonst in so vielen erfindungsreichen Varianten serviert wird.
Bei Fisch ist Frische erst recht ein Muss für Qualität. Ein Grund mehr, ihn in der Heimat neu zu entdecken.

Orangensnack

Rainer Sass

Zutaten pro Person:

1 Orangenscheibe, 3 cm dick, enthäutet
1 EL Olivenöl
Saft einer $\frac{1}{2}$ Limone
5 schwarze Oliven, geviertelt
5 schwarze Pfefferkörner, gemörsert

Orangenscheibe auf einen Teller legen, Oliven darüber geben, Olivenöl dazu und mit Limonensaft und gemörsertem schwarzem Pfeffer würzen.

Carré vom Salzwiesenlamm über Deichgräsern gegart, Zitronen-Thymian-Jus, geschmorter Wirsing und Rosmarinkartoffeln

Dietrich Sandermann

Zutaten:

1 Lammcarré mit Stielknochen
Röstgemüse: 1 Fenchel, 1 Karotte,
1 Sellerie, 2 rote Zwiebeln
500 g Lammknochen
1 Sternanis
1 Rosmarin
1 Bund Zitronenthymian
Lorbeerblatt
Tomatenmark
Knoblauch
Butter
Reismehl
Rotwein
$1/2$ l Lamm- oder Rinderfond
$1/4$ Wirsingkohl
Lammsalami oder Chorizo
Würfel von 2 Schalotten
1 TL Cumin
Geflügel- oder Rinderfond
3 TL Olivenöl
5 kleine Kartoffeln (bevorzugt Moorsieglinde)
1 Zweig frischer Rosmarin
grobes Meersalz
Salz, Pfeffer aus der Mühle
3 TL Olivenöl

Für die Rosmarinkartoffeln die gebürsteten, ungeschälten Kartoffeln längs halbieren und in einer Pfanne oder Sauteuse anbraten, mit Meersalz und Pfeffer würzen und ca. 20 Minuten im 180 Grad heißen Ofen garen. Zum Schluss den gehackten Thymian dazugeben.
Für den geschmorten Wirsing die Wirsingblätter von den Strünken befreien und blanchieren. Feine Würfel von Salami oder Chorizo in Olivenöl angehen lassen, Schalottenwürfel und den blanchierten Wirsing dazugeben, mit Geflügelbrühe aufgießen und langsam schmoren lassen. Eventuell mit durchpassierten Kartoffeln binden und mit Salz und Pfeffer abschmecken.
Für die Zitronen-Thymian-Jus Lammknochen in Olivenöl im Ofen anbraten. Wenn sie Farbe genommen haben, Röstgemüse dazugeben, das ausgebratene Fett entfernen, tomatisieren, mit Rotwein ablöschen, Lammfond sowie die Kräuter und Gewürze zugeben und ca. 1 Stunde leicht anköcheln lassen. Anschließend durch ein Tuch passieren und auf die gewünschte Konsistenz einkochen lassen. Leicht mit Reismehl abbinden und mit kalter Butter abschmecken. Das Lammcarré würzen, in Olivenöl anbraten und bei 70 Grad im Heißluftofen ca. 45 Minuten mit den Kartoffeln garen.

Rainers Tipp: Das Hotel Altes Gymnasium in Husum bietet Erholung pur. Toller Wellnessbereich, tolle Küche und sehr freundlicher Service. Adresse -> S. 252

Hechtrolle mit Pesto auf Kartoffelpüree mit wilden Krebsen Robert Stolz

Zutaten (für 4 Personen):

2 kg Hecht
1 Ei
4 EL Sahne
Salz, Pfeffer, Zucker

Für das Pesto:
4 Zweige Basilikum (Freiland)
1 Knoblauchzehe
1 EL Pinienkerne
3 EL Olivenöl
Salz, Pfeffer, Zucker

Für das Kartoffelpüree:
800 g mehlig kochende Kartoffeln
100 g Butter
1/8 l Sahne
1/8 l Milch
Salz
1 Spritzer weißer Balsamico

Für die Krebssauce:
3 kg Krebse
200 g Olivenöl
200 g Butter
2 Karotten
4 Zwiebeln
1/2 Knoblauchknolle
1/8 Knollensellerie
2 Stangen Bleichsellerie
3 Tomaten
1 Fenchel
je 1 Zweig Thymian, Rosmarin, Petersilie
3 EL Tomatenmark
1/4 l Weißwein (trockener Riesling)
1/8 l Noilly Prat
1/8 l Cognac
je 1,5 l Hühner- und Fischfond (alternativ Fond aus dem Glas von Lacroix)
Salz, Pfeffer, Cayennepfeffer
weißer Essig
2 EL Crème fraîche
0,3 l Sahne

Den Hecht filetieren, jede Seite dabei in drei Streifen schneiden. Ein Streifen (ca. 80 g) wird mit Ei, Sahne und Salz zur Farce verarbeitet. Für das Pesto werden Basilikum, Knoblauch, Pinienkerne, Salz, Zucker, Pfeffer und das Olivenöl püriert.
Die Hechtstreifen salzen, mit Pesto und Farce bestreichen und aufrollen. Danach hinlegen und mit einem Zahnstocher fixieren. In einer ausgebutterten Pfanne mit einem Schuss Wasser im Ofen bei 200 Grad ca. 8 Minuten garen.
Für das Kartoffelpüree die mehlig kochenden Kartoffeln garen, durchdrücken, Butter, Sahne, Milch, Salz und etwas weißen Balsamico hinzugeben und zügig glatt rühren.
Für die Krebssauce Krebse in Salzwasser aufkochen, abgießen, pulen und vom Darm befreien. Karkassen am besten über Nacht im Ofen bei kleiner Hitze trocknen. Karkassen zerstoßen und in 200 g Olivenöl und 200 g Butter anschwitzen. Das in etwa 1 cm große Würfel geschnittene Gemüse (Karotten, Zwiebeln, Knoblauchknolle, Knollensellerie, Bleichsellerie, Tomaten und Fenchel) zufügen und mit anschwitzen. Tomatenmark hinzufügen und anschwitzen. Mit Weißwein ablöschen und mit Noilly Prat und Cognac einkochen lassen. Mit ca. 1,5 l Fischfond und 1,5 l Hühnerfond auffüllen. Salz, Pfeffer, weißen Essig und Cayennepfeffer hinzugeben, ca. 50 Minuten köcheln lassen. Durch zwei feine Siebe passieren und auf ca. 1 l einkochen. Krebsjus mit Crème fraîche und Sahne zur Saucenkonsistenz einkochen und mit einem Zauberstab mixen. Abschmecken mit Salz, Pfeffer, Zucker, Zitrone, Weißwein, Noilly Prat. Krebse in der Sauce erwärmen.
Zutaten für die Garnitur: 12 Ofentomaten (ein Viertel Concassé bei 80 Grad 2 Stunden getrocknet), 12 Steinpilze, ein paar Blätter frittierter Basilikum, 3 EL Forellenkaviar (das Gemüse ist nicht obligatorisch, es kann auch durch andere Sorten ersetzt werden).
Das Püree in der Plattenmitte anrichten, Hechtrolle darauf legen und mit der Krebssauce umgießen. Krebse, Pilze, Tomaten darum arrangieren, den frittierten Basilikum als Dekoration dazugeben.

Kartoffel-Rosmarinbrot Robert Stolz

Zutaten:

400 g Mehl (Typ 405)
150 g Pellkartoffeln, gerieben
1 TL Salz
10 Umdrehungen der Pfeffermühle
2 EL Olivenöl
2 Zweige Rosmarin, abgestreift und gehackt
1/8 l Wasser
1/8 l Milch
1 TL Zucker
42 g Blockhefe

Mehl, geriebene Kartoffeln, Salz, Pfeffer, Olivenöl und den Rosmarin zu einem Teig vermengen.
Wasser, Milch, Zucker und Hefe lauwarm verrühren.
Beide Mengen miteinander verrühren, abdecken und ca. 20 Minuten in Ruhe lassen. Der Teig wird danach zusammengeknetet und gedrittelt. Jeden Teigklumpen zu einem Baguette ausrollen, auf ein gefettetes Backblech geben und erneut etwa 20 Minuten gehen lassen. Die Laibe werden bei 200 Grad ca. 20 Minuten gebacken und dabei evtl. umgedreht. Danach abkühlen lassen und – genießen.
Guten Appetit wünscht Rainer Sass!

Rainers Tipp: Robert Stolz ist umgezogen vom Sommerhof nach Plön. Noch besser, noch schöner, jetzt auch mit Übernachtungsmöglichkeiten. Adresse -> S. 252

Kartoffelsalat mit geräuchertem Aal Rainer Sass

Zutaten:

1 kg Kartoffeln (Bamberger Hörnchen)
200 g Aalfilet

Für die Marinade:
1 EL Olivenöl
1–2 EL Weißweinessig
$^{1}/_{4}$ l Fleischbrühe
Salz, Pfeffer
1–2 Schalotten/Frühlingszwiebeln
Salat

Kartoffeln kochen, in Scheiben schneiden, Aalfilet in Stücke zerteilen, Schalotten schälen und klein schneiden. Alles zusammen mischen, Olivenöl, Essig und Fleischbrühe beigeben, mit Salz und Pfeffer abschmecken und ein Sträußchen Rucolasalat darunter heben.

Rainers Tipp: **Leider kocht Siegfried Kirner nicht mehr im Holsteinischen Hof. Fahren Sie trotzdem mal nach Reinbek in die Milchbar mit Kino und hausgemachtem Eis. Adresse -> S. 252**

Karpfen gebraten

Siegfried Kerner

Zutaten für 4 Personen:

2 kleine Karpfen
$^1/_4$ Liter Kalbsfond
herbstliche Salate wie Feldsalat, Radicchio, Rucola, Indivie
4 Tomaten, entkernt, geviertelt
Salzkartoffeln

Für die Salatmarinade:
3 EL Olivenöl
2 EL Balsamessig
Prise Zucker

Karpfen von den Schuppen befreien und halbieren, die Hälften – mit Gräten – in zwei Stücke schneiden, salzen und pfeffern.
Kalbsfond einkochen lassen und mit Salz und Pfeffer abschmecken.
Karpfen leicht mehliert in Butterschmalz von allen Seiten braten, dabei ständig mit dem Bratsud begießen, Bratzeit: 8–10 Minuten.
Für den Salat die Salatsorten säubern, trocknen und in mundgerechte Stücke schneiden. Mit den Tomaten und der Marinade gut vermengen.
Karpfen mit Kalbsfond, Salat und Salzkartoffeln servieren. Dazu einen roten Burgunder trinken. Sehr lecker!

Polenta Rainer Sass

Zutaten:

250 g Milch
50 g Maisgries (Schrot)
30 g Butter
30 g geriebener Parmesan
Pfeffer, Salz, Muskat

Milch und Butter aufkochen. Das Maisschrot einstreuen und bei schwacher Hitze 10 Minuten kochen. Die Masse abschmecken. Zum Schluss Parmesankäse einrühren. Die Masse auf ein gefettetes Blech streichen und kalt stellen. Halbmonde ausstechen und in Butter goldgelb braten.
Guten Appetit wünscht Rainer Sass!

Crostini mit rotem Zwiebelmus Andreas Allermann

Zutaten:

50 g geschälte rote Zwiebeln
3 EL Olivenöl
Pfeffer, Salz
1 Thymianzweig
1 TL Honig
1 Flasche Roséwein

Die Zwiebeln grob schneiden und im Öl andünsten. Mit Pfeffer, Salz, Honig und dem Thymian herzhaft abschmecken, dann den Rosé hinzufügen. Im offenen Topf sanft einköcheln, bis die Flüssigkeit vollständig verdampft ist, dabei gelegentlich umrühren.

Kalbshaxe in Chianti mit Portweinschalotten und Polenta

Andreas Allermann

Zutaten:

1 Kalbshaxe (ca. 1,5 kg)
Salz, Pfeffer
Mehl
6 EL Olivenöl (zum Anbraten)
2 Flaschen Chianti
1/2 l dunkler Kalbsfond
2 Zweige Thymian

Für das Röstgemüse:
2 Zwiebeln
2 Karotten
1 Stück Lauch
2 Stück Knollensellerie
2 Stängel Staudensellerie
1 Knoblauchzehe

Für die Portweinschalotten:
20 g geschälte Schalotten
2 EL Butter
20 g Zucker
0,2 l Portwein
0,2 l Kalbsfond
Salz, Pfeffer
1 Knoblauchzehe
1 Zweig Thymian

Das Fleisch salzen und pfeffern, mit Mehl leicht bestäuben und in Öl kräftig anbraten. Das Fleisch herausnehmen und das geputzte, geschälte, gewaschene und gewürfelte Gemüse zusammen mit dem Thymian kräftig anrösten. Jetzt das Fleisch auf das Röstgemüse legen, den Chianti und den Fond nach und nach angießen und im geschlossenen Topf (im Backofen) ca. 2–3 Stunden langsam schmoren. Die gegarte Kalbshaxe herausnehmen und die Sauce karamellisieren, Schalotten zugeben, salzen und pfeffern. Die Schalotten ca. 5 Minuten unter Rühren dünsten, den Portwein und den Fond zugeben und etwas reduzieren. Die Knoblauchzehe und den Thymian zufügen und im geschlossenen Topf unter gelegentlichem Rühren in ca. 20 Minuten weich dünsten.

Rainers Tipp: **Andreas Allermann ist und bleibt einer der besten Hobbyköche des Landes, egal wie viele Kochwettbewerbe es noch geben wird. Weiter so, Andreas!**

Züricher Geschnetzeltes Rainer Sass

Zutaten:

600 g Kalbfleisch aus der Keule
300 g frische Champignons
2 Schalotten
$1/4$ l Kalbsfond
$1/4$ l Sahne
0,1 l Weißwein, trocken
Butterschmalz
Zitrone
Salz, Pfeffer
Speisestärke
500 g rohe, fest kochende Kartoffeln
1 Ei
1 TL Speisestärke
1 EL Thymian

Das Fleisch in feine, dünne Streifen schneiden, salzen und pfeffern und mit etwas Speisestärke vermengen. Die Champignons mit einem feuchten Tuch säubern und in feine Streifen schneiden. Schalotten klitzeklein schneiden. Butterschmalz in einer schweren Pfanne erhitzen. Fleisch und Champignons scharf anbraten und wenden, dann aus der Pfanne nehmen. Fett abgießen und Schalotten in neuem Fett anbraten. Fleisch und Champignons dazugeben, mit Wein, Fond und Sahne ablöschen. Erneut mit Salz, Pfeffer und etwas Zitrone würzen.

Rösti Rainer Sass

Zutaten:

500 g rohe, fest kochende Kartoffeln
1 Ei
1 TL Speisestärke
1 EL Thymian

Kartoffeln roh raspeln, mit Ei, Speisestärke und Thymian vermengen, salzen und pfeffern und in Butter goldbraun ausbacken.

Rainers Tipp: Feinster Zigarrengenuss mit Bismarck-Zigarren. Beim Rauchen denkt man irgendwie an den alten Reichskanzler...

Makrele süß-sauer Rainer Sass

Zutaten für 4 Personen:

4 Makrelenfilets ohne Haut
0,25 l Weißwein trocken
5 EL Weißweinessig
1 Möhre, hauchdünn in Scheiben
2 Schalotten in Scheiben
2 Lorbeerblätter
1 Zweiglein Thymian
1 Zweiglein Rosmarin
etwas Zitronenschale
1 TL Zucker
10 Pfefferkörner schwarz

Die Möhre hauchdünn hobeln, Schalotten in feine Scheiben schneiden, Knoblauch durchpressen. Die Zitronenschale von weißer Haut befreien. Alles mit Weißwein, Essig, Thymian, Rosmarin 10 Minuten köcheln lassen. Die Makrelenfilets in eine Auflaufform geben, etwas salzen und mit dem Sud begießen, 10 Minuten ziehen lassen und servieren.
Die Makrelenfilets schmecken lauwarm oder im Sud erkaltet auch sehr lecker.

Rainers Tipp: **Statt Makrele schmeckt auch Forelle oder ein Lachsfilet süß-sauer sehr lecker. Dazu Kartoffelpüree von Seite 87.**

Frühlingssalat mit marinierten Gemüsen und altem Balsamico Oliver Ismer

Zutaten für die Vinaigrette:

2 EL alter Balsamico
5 EL Olivenöl
5 cl Pernod, reduziert
5 cl Portwein, reduziert
3 EL heller Fond
Zucker, Salz, schwarzer Pfeffer
1 Zweig Thymian

Salate:
Rauke, Frisée, Eichblatt, Kopfsalat, Eisbergsalat usw.

Kräuter:
Dill, Basilikum schwarz, Schnittlauch, Kerbel, Petersilie usw.

Gemüse zum Marinieren:
Tomaten, Gurke, Zuckerschoten, Spargel

Gemüse zum Braten und Marinieren:
Zucchini, Aubergine, Paprika, Fenchel

Für die spezielle Garnitur:
frittierte Schwarzwurzeln, frittierte Basilikumblätter, frittierte Auberginenscheiben

Saucen zum Verzieren:
alter Balsamico, Paprikaöl, Pesto

Die marinierten Zutaten können mit den Salaten frei kombiniert werden. Die Mengen der verschiedenen Gemüse sind frei wählbar.

Mozzarella-Sandwich Rainer Sass

Zutaten für 4 Personen:

8 Toastbrotscheiben
2 Päckchen Büffel-Mozzarella à 200 g
Fleisch von 4 Tomaten
3 Eier
3 EL Milch
Mehl
Olivenöl
Salz, Pfeffer, Zucker

Die Tomaten enthäuten, entkernen, fein würfeln und mit Salz und Pfeffer würzen. Die Toastscheibe mit Mozzarella belegen, Tomatenfleisch dazugeben und mit einer Toastscheibe zum Sandwich bedecken, fest drücken. Eier und Milch verrühren. Das Sandwich in Mehl wenden, dann in der Eier-Milch-Mischung wenden und in Olivenöl in einer beschichteten Pfanne goldbraun ausbacken, je Seite 3–4 Minuten. Das Sandwich halbieren, leicht in eine Papierserviette einschlagen und verputzen.

Lammkeule in Rotwein mit Semmelknödel und Spitzkohl Michael Stitz

Zutaten:

frische Lammkeule vom Salzwiesenlamm (ca. 1,5 kg)
Röstgemüse
ca. 1/2 l Rotwein
ca. 1/2 l roter Portwein
1 l Hühnerbrühe
frischer Rosmarin
frischer Thymian
getrocknete Tomaten nach Belieben
1 Kartoffel
30 g Tomatenmark

Für den Spitzkohl:
1 Spitzkohl
50 g Speck
2 Schalotten
0,1 l Weißwein
ca. 1/4 l Sahne
3 EL Crème double
Salz, Pfeffer aus der Mühle

Für die Semmelknödel:
6 alte Brötchen
Petersilie
Butter zum Anbraten
100 g Speck
200 ml Milch
1–2 Eier

Die Keule bei hoher Hitze (220 Grad) anbraten, Gemüse dazugeben, mit Wein und Portwein ablöschen und mit Brühe auffüllen (die Keule muss mit der Flüssigkeit bedeckt sein). Tomatenmark und getrocknete Tomaten dazugeben. Die Keule abdecken, bei 200 Grad garen. Nach ca. 2 Stunden die Keule wenden und zu Ende garen (ca. 1/2 Stunde, die Keule ist gar, wenn sich das Fleisch leicht vom Knochen lösen lässt). Die Flüssigkeit durch ein Sieb passieren, Keule warm stellen, Sauce einkochen, die Kartoffel mit dem Pürierstab in der Sauce zur besseren Bindung aufmixen.
Den Kohl in Streifen, den Speck und die Schalotten in feine Würfel schneiden und im flachen Topf anschwitzen. Kohl dazugeben, nach etwa 5 Minuten mit Weißwein ablöschen, Sahne und Crème double dazugeben, aufkochen lassen und würzen.
Die Brötchen in Würfel schneiden, gehackte Petersilie und in Butter ausgelassenen Speck darüber geben, mit der warmen Milch übergießen und 30 Minuten ruhen lassen. Danach die Masse gut durchkneten, je nach Konsistenz 1 oder 2 Eier dazugeben. Aus dem Teig golfballgroße Kugeln formen und in siedendem Wasser etwa 15 Minuten ziehen lassen.

Rainers Tipp: **Jeden Samstag erscheint „die illustrierte" als Beilage in allen Zeitungen des Schleswig-Holsteinischen Zeitungsverlages. Aktuelles Feuilleton mit Restaurants und kulinarischen Tipps. Dank Michael Stitz.**

Matjes mit Bananensauce Rainer Sass

Zutaten:

Matjesfilets
2 Bananen
1 Dose Kokosmilch, 400 ml
1 EL Currypulver
1/2 TL Cayennepfeffer
1 1/2 Tassen Riesling
1 Tasse süße Sahne

Für die Rösti:
Kartoffeln
Salz, Pfeffer, Muskat
Sonnenblumenöl, Butter

Kleingeschnittene Bananen mit Kokosmilch, Sahne, Wein, Curry und Cayennepfeffer 8–10 Minuten bei kleiner Hitze köcheln lassen, dann mit dem Stabmixer aufmixen, durch ein feines Sieb passieren und noch etwas einkochen lassen, sodass die Sauce eine sämige Konsistenz bekommt. Sauce kalt servieren.
Für die Rösti Kartoffeln raspeln, in ein Handtuch geben und auspressen, salzen und pfeffern und mit Muskat würzen. Die ausgedrückte Kartoffelmasse in einer Mischung aus Sonnenblumenöl und Butter zum Rösti ausbraten. Die Rösti mit Matjes, Bananensauce und einem kleinen Salat servieren.

Matjes mit Birnen, Bohnen und Speck Henning Plotz

Zutaten:

8 Matjesfilets (2 Filets pro Person)
2 Birnen, am besten Williams Christ
3 EL Zucker
2 EL Bananensirup oder ein Stück fein pürierte Banane
Zitronensaft
2 cl Birnengeist (wer keinen Alkohol mag, nimmt Birnensaft)
1 Becher Crème fraîche
Sahne
Salz, Pfeffer
500 g grüne Bohnen
Bohnenkraut
150 g in Scheiben geschnittener durchwachsener Speck
durchwachsener Speck, in kleine Würfel geschnitten
Birnenspalten, dekorativ geschnitten
Walnusskerne

Für die Birnencreme die Birnen schälen und in Stücke teilen. Mit einem Schuss Zitronensaft und dem Zucker weich dünsten und dann fein pürieren. Mit Bananensirup und dem Birnengeist abschmecken. Crème fraîche mit der Sahne glatt rühren und mit Salz und Pfeffer würzen. Die Bohnen in Salzwasser kochen, anschließend in kaltem Salzwasser abschrecken. Die Bohnen portionsweise mit dem durchwachsenen Speck umwickeln und vor dem Servieren in einer Pfanne kurz anbraten. Den gewürfelten Speck für die Speckstippe in einer Pfanne auslassen.
Zum Anrichten die frischen Matjesfilets aufrollen und mit Crème fraîche füllen. Die Birnencreme über die Matjesröllchen geben und mit Walnusskernen verzieren. Eine Birne in feine Scheiben schneiden und dekorativ um die Matjesröllchen legen. Dann die Bohnenbündchen und die heiße Speckstippe auf den Teller geben. Wer mag, gibt noch etwas kleingeschnittenes Bohnenkraut darüber.
Dazu schmecken Pellkartoffeln und ein frisch gezapftes Bier.

Rainers Tipp: **In diesem Restaurant gibt's den besten Matjes für mich! Auf nach Glückstadt. Adresse Restaurant Kandelaber -> S. 252**

Blumenkohlsalat auf zweierlei Art angerichtet

Rainer Sass

Zutaten

- 1/2 Blumenkohl
- 2 große Möhren
- 150 g Nordseekrabbenfleisch
- 1/2 Bund glatte Petersilie
- 3 EL Traubenkernöl
- 2 EL Sherryessig
- 2 EL Blumenkohl-Kochwasser
- 2 EL Crème fraîche

Salatvariation 1:
Blumenkohl in kleine Röschen teilen. Möhren in dekorative längliche Scheiben schneiden. Das Gemüse in Salzwasser bissig gar kochen. Das dauert etwa 3–4 Minuten. Die Möhren kurz in kaltem Wasser abschrecken. Die Blumenkohlröschen in dünne Scheiben schneiden und zusammen mit den Möhren auf einem Glasteller anrichten. Traubenkernöl und Sherryessig kräftig verrühren und vorsichtig über das Gemüse träufeln. Wer mag, kann die Marinade mit etwas Blumenkohlwasser verlängern. Das Krabbenfleisch und frisch gehackte Petersilie auf das Gemüse geben. Zum Schluss alles mit leicht erwärmter Crème fraîche beträufeln.
Salatvariation 2:
Die Blumenkohlröschen ganz lassen. Die Möhren in Stifte schneiden. Das Gemüse in eine Schüssel geben. Jetzt Essig, Öl, Petersilie und das Krabbenfleisch dazu und alles gut durchrühren. Zum Schluss kalte Crème fraîche unterrühren und schon ist auch dieser Salat fertig.

Blumenkohlgratin Rainer Sass

Zutaten:

- 1 Blumenkohl
- 1 Becher Sahne, 250 g
- 1/4 l Milch
- 2 Eigelb
- 150 g geriebener Käse, bevorzugt Schweizer Greyerzer oder Emmentaler
- Butter
- Muskat

Zubehör:
ovale Gratinform mit flachem Rand

Blumenkohl in Röschen zerteilen und in Salzwasser 10–12 Minuten bissig gar kochen. Abgießen und leicht auskühlen lassen. Käse reiben und mit der Sahne, Milch und Eigelb verrühren. Danach mit Muskat und Salz würzen. Blumenkohlröschen in eine Gratinform geben, mit der Sahnemischung übergießen und mit Butterflocken besetzen. Im Ofen bei 200 Grad für 35–40 Minuten garen. Die Masse stockt, der Käse zerschmilzt und alles duftet wunderbar. Falls die Oberfläche zu braun wird, die Hitze etwas reduzieren und das Gratin mit Alufolie abdecken.
Dazu passen jede Sorte Schinken, Salzkartoffeln und Weißwein.
Guten Appetit wünscht Rainer Sass!

Rainers Tipp: **Leider wird Blumenkohl immer noch mit dicker, fetter, undefinierbarer weißer Sauce angeboten. Wann ist das endlich mal vorbei?**

Blumenkohlsalat

Roastbeef mit Kräuterkruste Rainer Sass

Zutaten:

2 kg Roastbeef, gut abgehangen,
Ökoqualität aus artgerechter
Haltung
Salz und Pfeffer
Butterschmalz zum Anbraten

Für die Kräuterkruste:
150 g Butter
2 Knoblauchzehen, durchgepresst
1 EL getrockneter Thymian
1 EL getrockneter Rosmarin
1 EL frische Petersilie
50 g Weißbrotwürfel
20 g Parmesankäse

Roastbeef von eventuellen Sehnen und kleinen Häuten befreien – auf keinen Fall die Fettschicht wegschneiden. Gründlich salzen und pfeffern, wenn möglich mit gemörsertem Pfeffer.
Nun in einer Bratreine oder großen Bratpfanne – die auch in den Ofen passt – von allen Seiten mit Butterschmalz anbraten, damit sich die Poren schließen. Nach dem Anbraten die Pfanne mit dem Fleisch in den vorgeheizten Ofen (220–230 Grad) schieben. Zwei Kilo Roastbeef brauchen 35–40 Minuten, dann ist das Fleisch innen noch schön rosa!
Man misst mit einem Bratenthermometer die Kerntemperatur des Fleisches: Liegt sie zwischen 55 und 65 Grad, ist es rosa, zwischen 65 und 70 Grad ist es durch. Eine ständige Kontrolle ist unumgänglich!
Für die letzten 5–7 Minuten bestreicht man das Roastbeef mit der Butter-Kräuter-Mischung und schaltet Oberhitze oder Grill ein – aber vorsichtig, die Kräuterkruste darf nicht verbrennen. Während der Bratzeit das Fleisch mit dem Bratensaft ständig begießen. Da Roastbeef und Gratin gleichzeitig im Ofen gegart werden, sollte man das Fleisch in der Pfanne auf ein Gitter stellen. Die Gratinform passt dann noch auf den Boden des Ofens.

Rainers Tipp: **Suchen Sie einen besonderen Wein? Herr Tesdorpf hat ihn! Adresse -> S. 253. Unbedingt die Lübecker Altstadt besuchen!**

Geschmorte Früchte Rainer Sass

Zutaten:

200 g Backpflaumen
3 Orangen, geschält, enthäutet und in Scheiben geschnitten
4 Apfel und 3 Birnen, entkernt, geschält und geviertelt
50 g Zucker
1 Flasche Rotspon oder Chianti, Côte du Rhône

Früchte – erst Backpflaumen, dann Orangen, Apfel und Birnen – in einen Topf oder Bräter schichten. Mit Zucker bestreuen und mit Rotwein begießen, sodass alle Früchte bedeckt sind. Alles 1 Stunde in den 180 Grad heißen Ofen stellen, zuerst mit Deckel, die letzten 20 Minuten ohne.
Mit Eis oder Crêpes servieren.

Kartoffelgratin Rainer Sass

Zutaten:

10–12 Kartoffeln, mittelgroß, fest kochend
2 Haushaltszwiebeln
100 g Hartkäse, gerieben (Emmentaler oder Greyerzer)
1 Becher Sahne (250 g)
Butter

Für die Würzmischung:
1 TL Piment
1/2 TL Muskat
1 TL Koriander, schwarz
Salz

Kartoffeln und Zwiebeln schälen und mit einem Gemüsehobel in dünne Scheiben hobeln. Eine Auflaufform (oval 26 bis 30 cm) mit Butter auspinseln, die Hälfte der Kartoffeln darin schuppenartig einschichten, salzen und mit der Hälfte der Würzmischung bestreuen. Dann alle Zwiebeln darauf, wieder leicht salzen, restliche Kartoffeln und die restliche Würzmischung dazu und mit Sahne begießen. Kartoffeln und Zwiebeln müssen von der Sahne bedeckt sein, also eventuell etwas mehr Sahne. Dann den geriebenen Käse drüberstreuen, Butterflocken darauf und für 45 Minuten in den vorgeheizten Ofen (220 Grad). Wird die Käsekruste zu braun, einfach mit Alufolie abdecken.

Roastbeef -> S. 214

Kalbsfilet Lutz Niemann

Zutaten:

ca. 800 g Kalbsfilet aus ökologischer Zucht
Salz, Pfeffer
Rapsöl zum Braten

Für die Sauce:
Schalotten
trockener Sherry
brauner Kalbsfond
Butter, Estragon

Kalbsfilet in dicke Scheiben schneiden und in Rapsöl von beiden Seiten ca. 1 Minute in einer Pfanne anbraten, pfeffern und salzen. Die Filets aus der Pfanne nehmen und für 5 Minuten bei 160 Grad in den Ofen schieben. Anschließend aus dem Ofen nehmen und abgedeckt 2 Minuten ruhen lassen.
Während das Filet im Ofen ist, die Sauce zubereiten: In die Filet-Pfanne kleingeschnittene Schalotten geben, etwas anbräunen lassen, Sherry dazu und etwas einkochen lassen. Mit Butter, Estragon und Sahne abschmecken.

Zwiebelconfit Lutz Niemann

Zutaten:

100 ml Olivenöl
250 g Zwiebeln, in dünne Scheiben geschnitten
Gewürzbund: Thymian, Rosmarin, Estragon, Lorbeer
100 ml Noilly Prat
100 ml Geflügelfond
Estragonessig, Salz, Pfeffer, Muskat

Die Zwiebelscheiben in einem flachen Topf mit dem Olivenöl anschwitzen, ohne Farbe nehmen zu lassen. Gewürzbund hinzugeben, mit Weißwein, Noilly Prat und Geflügelfond ablöschen, leicht salzen. Zwiebeln im Ofen bei 200 Grad gut weich garen, dabei öfter umrühren. Mit Salz, Pfeffer und Estragonessig abschmecken. Restflüssigkeit verdampfen lassen und das Kräuterbund herausnehmen. Zwiebelconfit zum Filet servieren oder in Gläser abfüllen.
Passt gut zu Fleisch und Geflügel.

Pfirsiche mit Topfenmousse und einer Sauce aus getrockneten Früchten Lutz Niemann

Zutaten:

4 schöne Pfirsiche, in dünne Scheiben geschnitten
gemischte Trockenfrüchte
Ingwer, Sternanis, Zimt
Marsala
Traubensaft
250 g Magerquark (österreichisch Topfen)
50 g Zucker
1 Zitrone oder Orange, unbehandelt
1 Vanilleschote
4 Blatt Gelatine, silber
3 cl Kirschwasser
3 cl Rum
500 g Sahne
4 Eiweiß
100 g Zucker

Die Trockenfrüchte klitzeklein schneiden. Mit Ingwer, Sternanis, Zimt, Marsala und Traubensaft in einen Topf geben und ca. 15 Minuten köcheln lassen. Quark, Zucker, Zitronenabrieb und Saft, Vanillemark, Kirschwasser glatt rühren. Blattgelatine in eiskaltem Wasser einweichen. Den Rum auf 40 Grad erwärmen und die gut ausgedrückte Gelatine darin auflösen. Schnell in die Topfenmasse einarbeiten und kurz kühl stellen.
Sahne halbfest schlagen, Eiweiß mit dem Zucker zu einem cremigen Schnee aufschlagen. Unter den Topfen zuerst die Sahne geben, dann den Eischnee vorsichtig unterheben.
Die Pfirsiche auf der Topfenmousse anrichten und mit der Sauce aus getrockneten Früchten überziehen.

Rainers Tipp: Hotel Maritim, Orangerie. Nach einem ausgiebigen Spaziergang einfach in die Orangerie einkehren und sich von Lutz Niemann verwöhnen lassen. Hinterher warten noch Betten mit Ostseeblick. Adresse -> S. 252

Pfifferlingsrisotto Rainer Sass

Zutaten:

500 g Risottoreis (Avorio, Carnaroli oder Violano)
2 Schalotten
1–1 $1/2$ l Hühnerbrühe
$1/4$ l trockener Weißwein
200 g Pfifferlinge, geputzt und klein geschnitten
2 Kapseln Safran
50 g frisch geriebener Parmesan
3 EL Olivenöl
Salz, Pfeffer

Schalotten klitzeklein schneiden, Pfifferlinge säubern, große Pilze teilen und den Parmesankäse reiben. In einem Stieltopf das Olivenöl erhitzen und die Schalotten darin anschwitzen. Den Risottoreis dazugeben und alles kräftig durchrühren, bis sich das Olivenöl mit den Reiskörnern verbunden hat.
Jetzt die Pfifferlinge dazu und mit dem Rührlöffel unter den Reis heben. Wenn die Pilze gut verteilt sind, kommt eine Schöpfkelle Brühe dazu. Alles wieder gut durchrühren, damit sich die Flüssigkeit gut verteilen kann. Wenn die Reiskörner die Flüssigkeit fast aufgesaugt haben und am Topfboden zu kleben beginnen, etwas Wein dazu, wieder rühren, bis die Flüssigkeit fast verschwunden ist, dann wieder Brühe dazu, rühren und so weiter.
Nach etwa 25 Minuten ist der Reis bissfest. Jetzt den Safran hinzufügen, mit Salz und Pfeffer abschmecken und den frisch geriebenen Parmesan unterheben. Der Reis sollte zum Schluss saftig sein und eine leicht sämige Konsistenz haben.
Wichtig: Genügend Flüssigkeit am Herd stehen haben. Die Risottoreissorten haben unterschiedliche Garzeiten, etwa zwischen 20 und 30 Minuten. Während der Zubereitung das Risotto immer rühren und die Flüssigkeiten nur portionsweise dazu geben. Nur so verteilen sich die Aromen gleichmäßig und die Reiskörner bekommen die richtige Konsistenz.

Rainers Tipp: **Statt Pfifferlingen schmecken auch Champignons oder Kräuterseitlinge. Achtung, immer richtigen Risottoreis benutzen! Noch nicht einmal an Beutelware denken!**

Gefüllte Kaninchenkeule auf Pistousauce

Peter Grün

Zutaten:

4 Kaninchenkeulen (vom Schlachter auslösen lassen, sodass nur der Schlussknochen stehen bleibt)
4 Schweinenetze (beim Schlachter vorbestellen)
Olivenöl

Für die Füllung:
4 EL getrocknete und in Öl eingelegte Tomaten
4 EL angeröstete Pinienkerne
4 EL angeröstete Toastbrotwürfel
4 EL angeschwitzte Pfifferlinge
2 EL geschnittene Blattpetersilie
1 EL geschnittene grüne Staudenselleriebiätter
1 EL abgeriebene Schale einer unbehandelten Zitrone
½ EL abgeriebene Schale einer unbehandelten Orange
1 frisches Lorbeerblatt, geschnitten
1 fein zerriebene Knoblauchzehe
1 Ei
Thymian und Majoran nach Geschmack
Salz, Pfeffer und frisch geriebene Muskatnuss

Für die Sauce:
400 ml Lammfond
100 ml Weißwein
4 Schalotten
Olivenöl
1 ½ Bund Basilikum
2 EL angeröstete Pinienkerne
4 EL Olivenöl
2 Knoblauchzehen

Getrocknete Tomaten und Pfifferlinge klein schneiden. Mit den restlichen Zutaten für die Füllung vermengen. Mit Salz, Pfeffer und frisch geriebener Muskatnuss würzen. Die Kaninchenkeulen füllen und mit den Schweinenetzen umwickeln. Die Netze verhindern, dass die Füllung austritt, und lösen sich während des Garvorgangs auf. Wer keine Schweinenetze zur Hand hat, kann die Keulen auch vorsichtig mit Holzspießchen verschließen. Die Keulen in einer beschichteten Pfanne mit wenig Olivenöl von allen Seiten anbraten. Anschließend im 200 Grad heißen Ofen ca. 10–12 Minuten garen. Die Schalotten klein schneiden und in etwas Olivenöl anschwitzen. Mit Weißwein ablöschen, mit dem Lammfond auffüllen und alles etwas einkochen lassen. Basilikum, Pinienkerne, Olivenöl und Knoblauch im Mixer zu Püree verarbeiten. Das Püree in den reduzierten Fond geben und zu den gefüllten Kaninchenkeulen reichen.

Obatzter Rainer Sass

Zutaten:

100 g Bavaria Blue oder
Sahnegorgonzola
100 g Camembert
100 g Frischkäse
50 g Butter (lauwarm)
4–5 Frühlingszwiebeln
nach Bedarf Schnittlauch, Salz,
Pfeffer, Paprikapulver (scharf)

Die Käsesorten mit der lauwarmen Butter zerdrücken. Bitte nicht zermatschen, sondern nur grob zerdrücken. Fein geschnittene Frühlingszwiebeln unterheben. Die Gewürze Pfeffer, Salz und Paprika kommen zum Schluss zum Käse.
Der Obatzter schmeckt frisch serviert mit Weißbier und Brezeln. Wer möchte, schmeckt ihn noch schärfer ab mit frisch gemörsertem Pfeffer oder Paprika.

Vacherin Mont d'Or mit Tomatenconcassée

Rainer Sass

Zutaten:

3 Tomaten
2 EL Olivenöl
Salz, Pfeffer, Zucker
frischer Thymian und Rosmarin
1 Vacherin Mont d'Or

Die Tomaten mit dem Sparschäler enthäuten, in kleine Würfel schneiden, dann in Olivenöl schwenken und mit den Gewürzen und Kräutern abschmecken. Den Käse in der Spanholzschachtel in den Ofen schieben und bei mittlerer Hitze ca. 15 Minuten erwärmen, bis er unter der Rinde geschmolzen ist. Die Spanholzschachtel aus dem Ofen nehmen und die Rinde vorsichtig öffnen. Den geschmolzenen Käse mit einem Löffel auf einen Teller geben. Tomatenconcassée dazu servieren.
Man kann den Käse auch, bevor er in den Ofen kommt, mit Knoblauchzehen spicken.

Roquefort-Blinis mit gebratener Birne Rainer Sass

Zutaten:

150 g Mehl, durchgesiebt
3 Eier
1/4 l Milch
150 g Roquefort-Käse
Prise Salz
Prise Backpulver
Butter zum Ausbacken
1 Birne, Honig

Zubehör:
unbedingt eine beschichtete Pfanne für die Blinis

Die Zutaten für den Teig verrühren, dabei den Käse möglichst klein drücken, mit einer Gabel geht es am besten. Den Teig 20 Minuten ruhen lassen. Die Birnen schälen und vierteln, in Butter in einer Pfanne anbraten. Etwas Honig dazu. Die Butter-Honig-Mischung immer wieder über die Birnen geben. Dann die Pfanne mit den Birnen für 10 Minuten in den 200 Grad heißen Backofen stellen. Während der Bratzeit die Birnen immer mit der braunen Honig-Butter begießen. In einer beschichteten Pfanne die Roquefort-Pfannkuchen (Blinis) ausbacken und mit den gebackenen Birnen servieren.

Rainers Tipp: Der Käsewagen von Käse-Thiele steht dienstags und freitags auf dem Isemarkt. Sagen Sie einfach, ich hab' Sie geschickt, dann fällt das Warten leichter.

Lammfrikadellen Rainer Sass

Zutaten:

500 g Lammhack
100 g Schafskäse (alternativ geht auch Ziegenkäse)
1 Ei
2 EL Paniermehl
1 EL getrockneter Thymian
2 EL kleine Kapern
6–7 eingelegte Sardellenfilets
2 Knoblauchzehen
1 Bund glatte Petersilie
3 Schalotten
Pfeffer, Salz (nur wenig, die Sardellen sind salzig genug)
1–2 EL Olivenöl

Kapern und Petersilie hacken, Sardellenfilets und Schalotten klitzeklein schneiden, Knoblauch auspressen. Schafskäse in ca. 1 cm kleine Würfel schneiden (der Käse sollte möglichst von weicher Konsistenz sein). Das Lammhack in eine Schüssel geben, die Gewürze und die anderen Zutaten dazu. Alles – am besten mit den Händen – ordentlich durchmengen und kneten, bis alle Aromen verteilt sind und ein geschmeidiger Teig entsteht. Teigmenge für eine Frikadelle entnehmen und einen Schafskäsewürfel in die Mitte setzen, mit dem Teig umschließen und alles zum Klops formen. Die fertigen Frikadellen in Olivenöl bei hoher Hitze anbraten und dann bei mittlerer Hitze etwa 10 Minuten von allen Seiten weiterbraten. Diese Frikadellen haben mit den normalen Klopsen nichts zu tun. Durch das Lammhack, die vielen Gewürze und den Schafskäse entsteht eine gebratene Aromabombe – lässt sich auch gut grillen.

Schnelle Paprikasauce Rainer Sass

Zutaten:

2 rote Paprikaschoten
1 Becher Crème fraîche
$1/2$ Becher süße Sahne
Salz

Die Paprikaschoten schälen (geht gut mit dem Sparschäler, oder die Paprika in den heißen Ofen geben, bis sie braune Blasen wirft, herausnehmen und mit einem nassen Tuch abdecken. Nach kurzer Zeit lassen sich die Häute prima abziehen). Die geschälte Paprika in mundgerechte Stücke schneiden und in einem Topf in etwas Wasser gar dünsten. Das dauert etwa 7–8 Minuten. Die gekochten Paprikastücke mit Crème fraîche und Sahne in einen Mixer geben und alles fein pürieren. Mit Salz abschmecken und vor dem Servieren wieder leicht erhitzen.

Gebratene Heringe Sansibar

Zutaten:

8 fangfrische (grüne) Heringe
100 g Weizenmehl, Typ 405
grobes Meersalz
frisch gemahlener Pfeffer
Pflanzenöl, Butterschmalz
Butter

Heringe ausnehmen, schuppen und Kopf entfernen. Unter fließendem Wasser gut abwaschen und trocken tupfen. Mit Salz und Pfeffer würzen. Mehl auf einen flachen Teller geben und die Heringe darin wälzen. Die Fische abklopfen, um das überflüssige Mehl zu entfernen. In einer beschichteten Pfanne Pflanzenöl oder Butterschmalz (man kann die Fette auch mischen) erhitzen und die Heringe von beiden Seiten jeweils ca. 6–7 Minuten bei mittlerer Hitze goldbraun braten. Zum Schluss der Bratzeit ein Stück Butter in die Pfanne geben und die Fische damit kurz beschöpfen. Frisch gebraten zum schwäbischen Kartoffelsalat servieren. Übrig gebliebene Bratheringe kann man übrigens wunderbar mit einem Essigsud und Zwiebeln marinieren.

Schwäbischer Kartoffelsalat Sansibar

Zutaten:

1 kg fest kochende Kartoffeln (Cilena, Sieglinde)
150 ml Kalbs-, Rinder- oder Hühnerbrühe
1 TL mittelscharfer Senf
4 EL Obstessig (Birne oder Apfel)
4 EL Pflanzenöl (Sonnenblume, Weizenkeim, Raps)
2 kleine rote Zwiebeln (alternativ Schalotten)
Pfeffer, Salz, etwas Zucker
½ Bund Schnittlauch

Die Kartoffeln mit Schale in Salzwasser gar kochen. Das Wasser abgießen, die Kartoffeln ruhen und auskühlen lassen, anschließend pellen und in feine Scheiben schneiden. Zwiebeln schälen und fein würfeln und mit den Kartoffeln in eine Schüssel geben. Salzen, pfeffern, den Senf und den Essig dazu. Alles vorsichtig verrühren, die Kartoffelscheiben sollten nicht zerfallen. Die Brühe erhitzen und in die Schüssel geben, bis die Kartoffeln zur Hälfte damit bedeckt sind. Wieder alles vermischen, dann erst das Öl dazu. Kurz unterheben und alles mindestens 1 Stunde gut durchziehen lassen.
Kurz vor dem Servieren etwas Schnittlauch über den Kartoffelsalat streuen. Die Menge der Flüssigkeiten richtet sich nach dem Geschmack der Köche. Die einen mögen es saftiger, die anderen trockener – ausprobieren.

Rainers Tipp: Europas schönste Strandhütte: die Sansibar. Hier habe ich die besten Feste meines Lebens gefeiert – danke, Sansi! Adresse -> S. 252

Sansibar -> S. 224/225

SANSIBA
SYLT

Lengfisch mit Senfkruste und Brunnenkressesauce Karsten Wulff

Zutaten:

4 Lengfischfilets, fangfrisch!
4 Scheiben trockenes Toastbrot
1 mittelgroße Möhre
1/4 Knollensellerie
1 kleine Stange Lauch
2 EL körniger Senf
1/2 Bund gehackte glatte Petersilie
2 Eigelb

Für die Sauce:
30 g Brunnenkresse
400 ml Fischfond
100 ml trockener Weißwein
2–3 EL Noilly Prat
250 ml Sahne
etwas Butter
Olivenöl
Salz

Das Toastbrot entrinden, würfeln und in einer Moulinette zerkleinern. Das Gemüse in klitzekleine Würfel schneiden, miteinander vermischen. Petersilie hacken. Die Weißbrotbrösel zusammen mit dem klein geschnittenen Gemüse, Senf und Petersilie in einer Schüssel zu einer Masse verarbeiten, etwas Weißbrotmehl zurückhalten.
Die Lengfischfilets in 3–4 cm große Medaillons schneiden, salzen und leicht in Mehl wenden. In einer beschichteten Pfanne in Butter oder Butterschmalz kurz von beiden Seiten goldbraun anbraten. Die Medaillons in eine flache Auflaufform oder auf ein Backblech legen und mit der Senf-Gemüse-Paste bestreichen, ca. 1/2 cm dick. Mit dem Weißbrotmehl bestreuen. Im Ofen bei Oberhitze und 250 Grad 2–3 Minuten garen lassen, bis die Kruste außen kross ist und eine goldbraune Farbe hat. Vorsicht, dass der Fisch nicht verbrennt!
Für die Sauce (kann vorbereitet werden) Schalotten klein schneiden und in einem Topf in Butter kurz glasig dünsten. Den Weißwein dazugeben, etwas später auch den Noilly Prat. Aufkochen lassen, dann den Fischfond dazu. Die gesamte Flüssigkeit wird jetzt auf ein Drittel reduziert. Die Hitze verkleinern und die Sahne dazugeben. Leise köcheln lassen. Die Brunnenkresse mit etwas Öl in einer Moulinette zum Püree verarbeiten und unter die Fischsauce geben. Etwas ziehen lassen, mit Salz und Pfeffer abschmecken, fertig.

Rainers Tipp: Lassen Sie sich verwöhnen von Karsten Wulff. In Keitum macht Fischgenuss einfach Spaß. Frisch, lecker, fair! Adresse -> S. 252

Limandesfilets auf Gemüse-Fischfond Karsten Wulff

Zutaten:

4 Limandesfilets (sind sehr klein, besser sind 8)
1 Fenchelknolle
1 Fleischtomate
50 g weiße Champignons
1/2 Staudensellerie
Olivenöl
1 EL Thymian und Rosmarin, möglichst frisch
1 Knoblauchzehe
1/4 l Weißwein (trocken und kräftig, Weißburgunder/Chardonnay)
4–5 EL Noilly Prat
Chili, Salz, Pfeffer

Limandesfilets leicht salzen, wer mag, auch etwas pfeffern. Das Gemüse in ganz feine Streifen schneiden, die Gewürze hacken und würfeln. In einem breiten, flachen Topf oder einer Schmorpfanne Olivenöl erhitzen und nach und nach das Gemüse dazugeben und kurz anbraten lassen. Dann die Gewürze dazu und unter die Gemüse rühren. Die Gemüse und Gewürze dürfen nicht zu viel Farbe ziehen. Noilly Prat zugießen, alles verrühren, dann den Weißwein dazu. Alles kurz aufkochen lassen, auf kleine Hitze schalten. Jetzt die Filets auf den Gemüsefond setzen. Deckel auf den Topf und die Filets 5–6 Minuten ziehen lassen.
Mit dem Gemüse und dem Fond servieren. Dazu schmeckt Baguette oder feine Kartoffeln.

Matjes auf Bruschetta Karsten Wulff

Zutaten für etwa 12 Stück:

3 Matjesfilets
100 g Rucola
50 g getrocknete Tomaten
30 g Parmesankäse
50 g Butter
Pfeffer
1 Baguette

Rucola sehr fein schneiden. Die getrockneten Tomaten sehr fein wurfeln. Parmesan fein reiben. Die weiche Butter mit dem Handrührer schaumig schlagen. Rucola, Tomaten und Parmesan unterrühren und mit Pfeffer würzen. Baguette in Scheiben schneiden und mit der gewürzten Butter bestreichen. Im heißen Ofen knusprig backen. Die Matjesfilets in schräge Scheiben schneiden und auf die noch warmen Brote legen. Mit etwas getrockneten Tomaten und Rucola garnieren.

Schinkenbraten Rainer Sass

Zutaten (für 10 Personen):

3 kg Hinterschinken vom Schwein ohne Knochen und Schwarte (aus artgerechter Haltung, am besten beim Metzger vorbestellen)
3 Knoblauchzehen
jeweils 1 Bund frischer Thymian, Salbei und Petersilie
3 Zweige Rosmarin
1 großes Bund Suppengrün
2 Zwiebeln
$^1/_2$ l Bier
$^1/_4$ l Fleischbrühe (am besten frisch gekocht, sonst gute Ware aus dem Glas)
Salz und Pfeffer aus der Mühle
Olivenöl von bester Qualität

Das Fleisch von anhängendem Fett, Haut und Sehnen befreien, den Braten für die Kräuterfüllung mehrmals 2–3 cm einritzen. Kräftig salzen und pfeffern. Die Kräuter nicht zu fein hacken, das Suppengemüse putzen und in grobe Würfel schneiden. Zwiebeln und Knoblauch abziehen und hacken. Kräuter und Knoblauch auf dem Braten verteilen, einmassieren bzw. in die Einkerbungen drücken. Mit etwas Olivenöl beträufeln.
Den Braten möglichst so zusammenlegen, dass die Kräuter-Knoblauch-Mischung geschützt ist. In einen großen gusseisernen Bräter setzen und mit dem Suppengrün umlegen. Bier und Brühe angießen, Deckel drauf und für 4 $^1/_2$ Stunden bei 160 Grad in den vorgeheizten Backofen geben. Wenn zwischendurch zu viel Flüssigkeit verdampft, etwas Brühe oder Bier nachgießen. Den Braten aufschneiden, auf Tellern anrichten und mit etwas Bratensud begießen.

Milchbohnen Rainer Sass

Zutaten:

500 g frische grüne Bohnen
2 Schalotten
50 g frisches Bohnenkraut
1 EL Butter
200 ml süße Sahne
Prise frisch geriebene Muskatnuss
Salz und Pfeffer aus der Mühle

Die Bohnen putzen und in mundgerechte Stücke schneiden. In kochendem Wasser 4–5 Minuten blanchieren, in ein Sieb schütten und mit kaltem Wasser abschrecken. Die Schalotten abziehen und klitzeklein würfeln, das Bohnenkraut hacken. In einem Topf die Butter zerlassen und die Schalotten kurz andünsten. Die abgeschreckten Bohnen dazugeben und mit dem Bohnenkraut vermengen. Die süße Sahne angießen und alles gut mischen. Unter ständigem Rühren kurz weiter köcheln lassen, bis die Bohnen bissfest sind und die Sahne leicht eingezogen ist. Mit Salz, Pfeffer und etwas geriebener Muskatnuss abschmecken.
Als Beilagen passen Salzkartoffeln und ein kräftiges Bier.

Rainers Tipp: **Milchbohnen gehören zu meinen Lieblingsspeisen. Einfach mal mit verschiedenen Mettwurst- oder Schinkensorten oder feingeschnittenen Bressaula probieren!**

Zweierlei mediterrane Saucen Rainer Sass

Zutaten:

4 Eigelb
10 Knoblauchzehen (wer es nicht so intensiv mag, reduziert die Anzahl)
$^{1}/_{2}$ Tasse natives Olivenöl
Meersalz und Pfeffer aus der Mühle
Zitrone
$^{1}/_{2}$ TL Harissa-Paste (scharfe orientalische Chilipaste)
alternativ 1 Chilischote
$^{1}/_{2}$ EL Senf
2 Knoblauchzehen

Für die Aioli Eigelb in eine Schüssel geben und nach und nach das Olivenöl unter das Eigelb rühren – aber wie gesagt: nach und nach, bis die Mayonnaise eine sämige Konsistenz hat. Das geht am besten mit dem Handmixgerät auf niedrigster Stufe. Eigelb und Olivenöl müssen die gleiche Temperatur haben, also keine Eier aus dem Kühlschrank verwenden. Knoblauchzehen pellen, mit einer Knoblauchpresse in die Mayonnaise drücken und gut miteinander verrühren. Mit Salz, Pfeffer und einem Spritzer Zitronensaft abschmecken.
Für die Rouille etwas von der fertigen Aioli in eine Schüssel geben. Mit Harissa-Paste und Senf verrühren, fertig. Wer keine Harissa-Paste bekommt, kann auch eine Chilischote klitzeklein schneiden und unter die Mayonnaise heben.

Rainers Tipp: Mein Leib- und Magenkoch: Johannes King. Hier hatte ich die schönsten Abendessen meines Lebens. Das alles immer mit einer Prise Wind, feinsten Zimmern, gutem Frühstück und sehr freundlichem Service. Ab in den Söl'ring Hof! Im Winter? Adresse -> S. 252

Ossobuco Johannes King

Zutaten:

6 Scheiben Kalbshaxe, ca. 3–4 cm dick
100 g geklärte Butter
100 g Karotten
100 g Knollensellerie
200 g Schalotten
200 g Champignons
4 Tomaten (je nach Jahreszeit frisch, sonst Dosentomaten „San Marzano"-Qualität
1 Stange Lauch
3–4 Knoblauchzehen
1 Bund frischer Thymian
2–3 Zweige frischer Rosmarin
2 Lorbeerblätter
3–4 Pfefferkörner
0,5 l trockener Weißwein
etwas Mehl
1 Becher süße Sahne oder Crème fraîche
Salz, Pfeffer, Piment, geriebene Zitrone

Die Beinscheiben an der Seite einmal einschneiden, damit sie sich während des Schmorens nicht wellen. Leicht salzen, pfeffern und ganz dünn mit Mehl bestäuben. Geputztes Gemüse, Schalotten und Tomaten in nicht zu kleine Würfel schneiden, Knoblauchzehen pellen. Die geklärte Butter in einem Bräter erhitzen und die Beinscheiben von beiden Seiten anbraten, bis sie eine schöne braune Farbe angenommen haben. Das Fleisch herausnehmen.
Möhren, Sellerie und Schalotten anbraten, anschließend Champignons, Tomaten, die ganzen Knoblauchzehen und erst zum Schluss den Lauch dazugeben, da das Gericht ansonsten einen bitteren Geschmack annimmt. Mit dem Weißwein ablöschen und alles gut durchmengen, damit sich der Bodensatz löst.
Die Fleischscheiben wieder in den Bräter legen. Pfefferkörner und Lorbeerblätter hineingeben und alles noch einmal gleichmäßig verteilen. Die Beinscheiben sollen in der Flüssigkeit schwimmen, dürfen aber nicht bedeckt sein. Falls erforderlich noch etwas Wasser dazugeben. Thymian und Rosmarinzweige im Ganzen auf dem Gericht verteilen und den Bräter ohne Deckel für ca. 1 Stunde bei 170 Grad in den vorgeheizten Backofen schieben.
Den Bräter aus dem Ofen nehmen, die Fleischscheiben und etwas Gemüse herausnehmen und warm stellen. Das restliche Gemüse mit dem Fleischfond durch ein feines Sieb in einen Topf passieren. Die Sauce mit Sahne oder Crème fraîche verfeinern und mit etwas Piment und geriebener Zitronenschale abschmecken.
Servieren kann man Osso buco mit Kartoffelpüree, Polenta und zusätzlich noch mit kräftigen aromatischen Dips.

Kartoffelgulasch Rainer Sass

Zutaten:

1 kg fest kochende Kartoffeln
1 Bund Frühlingszwiebeln
5 eingelegte getrocknete Tomaten (aus dem Glas oder vom türkischen Gemüsehändler)
2 Knoblauchzehen
30 schwarze Oliven ohne Stein
1/2 l Geflügelbrühe (am besten frisch gekocht, sonst gute Qualität aus dem Glas)
1 EL Tomatenmark
Balsamicoessig
1 TL Paprikapulver, edelsüß
2 Lorbeerblätter
Salz und Pfeffer aus der Mühle
Olivenöl

Für die Gewürzmischung:
1 Messerspitze Kümmel
1 Prise getrockneter Thymian
1 Prise getrockneter Majoran
1 Messerspitze Fenchelsamen
1 TL Koriander
1 TL Senfkörner

Kartoffeln schälen und in mundgerechte Würfel schneiden. Von den Frühlingszwiebeln das dunkle Grün entfernen und nur die weißen Teile in 1 cm dicke Scheiben schneiden. Knoblauchzehen schälen, Petersilie hacken. Die eingelegten Tomaten ebenfalls würfeln, vorher das Öl mit Küchenkrepp abtupfen. Olivenöl in einem großen Schmortopf erhitzen, Frühlingszwiebeln, Tomaten und durchgepressten Knoblauch kurz andünsten. Die Kartoffeln in den Topf, alles kräftig salzen und pfeffern. Paprikapulver, Oliven und Lorbeerblätter unterrühren und mit Brühe ablöschen. Tomatenmark unterheben, mit einem Schuss Balsamicoessig abschmecken und mit geschlossenem Deckel bei mittlerer Hitze ca. 30 Minuten köcheln lassen, bis die Kartoffeln gar sind. Die Gewürzmischung im Mörser zermahlen und separat zum Gulasch reichen, damit jeder nach Geschmack würzen kann.

Der „alternative Schokoaufstrich“ Pfadfinder

Zutaten:

100 g Haselnüsse
3 TL Kakaopulver
$^1/_2$ TL Zimtpulver
2 Vanilleschoten
150 g Margarine
200 g Honig
1 EL Sojamehl
50 g Knusperhaferflocken
1 Ei

Die Haselnüsse in einer beschichteten trockenen Pfanne ca. 5 Minuten rösten, bis die Schalen zu platzen beginnen. Die Nüsse abkühlen lassen und die Schalen zwischen den Händen abreiben. Die Vanilleschoten mit einem spitzen Messer längs aufschneiden und mit der Messerspitze das Mark herauskratzen. Nüsse, Kakaopulver, Zimt und das Vanillemark in einen Küchenmixer füllen und gut durchmixen. In einem Topf die Margarine zerlassen und mit dem Honig verrühren. Die Nussmischung aus dem Mixer dazugeben, mit einem Schneebesen kräftig rühren, bis eine cremige Masse entsteht. Sojamehl und Haferflocken untermischen, noch einmal gut durchrühren und den Topf von der Platte nehmen. Wenn die Creme nur noch lauwarm ist, das Ei gründlich unterschlagen und so lange weiterrühren, bis die gewünschte Konsistenz erreicht ist.
Dabei sollte berücksichtigt werden, dass sich die Masse nach dem Abkühlen noch verhärtet. Die Creme in einen verschließbaren Behälter umfüllen und im Kühlschrank aufbewahren.

Rainers Tipp: Gerne erinnere ich mich an meine Pfadfinderzeit. Grillen am Lagerfeuer, Nachtwanderungen und undefinierbare Milchsuppe mit Einlagen. Furzt da grad jemand?

Buchtipp: „Der Kleine Komolze“™ (Kochen für Pfadis), herausgegeben von Tim Oliver Becker („Pato“) und Paul Caesar Rode („Momo“), zu bestellen unter www.komolze.de

Käse-Wurst-Salat Rainer Sass

Zutaten:

300 g junger Deichkäse
250 g Krakauer Wurst
1 rote Paprika
100 g Frühlingszwiebeln
jeweils 1/2 Bund frischer Thymian, Rosmarin und Basilikum
100 g schwarze Oliven ohne Stein
1 EL grober scharfer Senf
4 EL Olivenöl von bester Qualität
3 EL weißer Balsamicoessig
Salz und Pfeffer aus der Mühle
Zucker

Von der Krakauer die Pelle entfernen. Wurst in Scheiben und Käse in mundgerechte Würfel schneiden. Paprika häuten, entkernen und fein würfeln. Von den Frühlingszwiebeln das dunkle Grün entfernen und nur die weißen Enden verarbeiten. Ebenfalls fein würfeln, Kräuter hacken. Den Senf in eine Schüssel geben, mit dem Olivenöl und Balsamicoessig zu einer Marinade verrühren. Die Schüssel sollte möglichst flach sein, da sich die Aromen dann besser verteilen. Mit Salz, Pfeffer und einer Prise Zucker abschmecken. Die restlichen Zutaten dazugeben und alles gut miteinander vermengen.
Dazu schmeckt am besten frisches Baguettebrot.

Rainers Tipp: Familie Metzger-Petersen macht für mich den besten Käse, nicht nur in Schleswig-Holstein. Also servieren Sie Ihren Gästen mal Husumer Käseplatte, die werden staunen! Adresse Hof Backensholz -> S. 253

Gefüllte Ziegenfleischrouladen

Martina Metzger-Petersen

Zutaten:

8 dünn geschnittene Scheiben Ziegenfleisch aus der Keule (alternativ eignet sich auch Lammfleisch)
8 Scheiben Katenschinken, hauchdünn geschnitten
50 g geriebener gut gereifter Deichkäse
1 kleine Zucchini
1 EL Butterschmalz
Salz und Pfeffer aus der Mühle
4 mittelgroße Tomaten
1/2 Bund Basilikum
Knoblauch nach Geschmack
Olivenöl

Für das Pesto:
100 g frische Gartenkräuter (Thymian, Rosmarin, Basilikum)
30 g Pinienkerne
3 Knoblauchzehen
Salz aus der Mühle
8 EL Olivenöl von bester Qualität

Zuerst das Pesto vorbereiten: Knoblauchzehen pellen und klein hacken. Kräuter ebenfalls hacken. Zusammen mit den Pinienkernen, etwas Salz und dem Olivenöl in einem Mörser oder im Mixer zu einer homogenen Masse verrühren. Die Fleischscheiben salzen, pfeffern und mit jeweils einer aufgerollten Scheibe Katenschinken belegen. Den geriebenen Käse unter das Pesto heben und die Rouladen ungefähr fingerdick mit der Pesto-Käse-Mischung bestreichen. Um den Rouladen Halt zu geben, aus der rohen Zucchini acht kleine Stifte herausschneiden, in jede Scheibe jeweils einen Stift mit einrollen und mit Holzspießchen verschließen. Butterschmalz in einer Pfanne erhitzen und die Rouladen ca. 2–3 Minuten von allen Seiten anbraten. Die Tomaten häuten (am besten mit einem Sparschäler) und vierteln. Eine Auflaufform mit etwas Olivenöl auspinseln, Tomatenfleisch und abgezupfte Basilikumblättchen darin verteilen. Knoblauch nach Geschmack durchpressen und unterheben. Die angebratenen Ziegenfleischrouladen auf das Tomaten-Basilikum-Beet setzen und im vorgeheizten Backofen bei 180 Grad ca. 20 Minuten garen.

Käserei Backensholz -> S. 236/237

„..aus morgenwarmer Milch
Bioland
BIO

Marinierte Dosensardinen Rainer Sass

Zutaten:

Ölsardinen aus der Dose in Olivenöl
Knoblauch, fein gehobelt
Zitronenschale, fein abgezogen
Petersilie, sehr fein gehackt
Olivenöl
Meersalz
grobe gemörserter Pfeffer

Die ideale kleine, leichte Vorspeise, die Eindruck macht: Dosenölsardinen verfeinert.
Sardinen abtropfen lassen oder trocken tupfen und mit Zitrone, fein gehobeltem Knobi, Petersilie, Olivenöl, Meersalz und gemörserten Pfeffer auf einen kleinen Teller servieren – mit einem Hauch Zitronensaft gekrönt. Dazu ein kleines Pils oder Schampus.

Schweinelende mit Champignon-Rahmsauce

Obermaat Michael Beil

Zutaten für 4 Personen (Soldaten):

800 g Schweinefilet
120 g Frühstücksspeck
Pfeffer, Salz
Butterschmalz, Olivenöl
500 g weiße Champignons
1 Zwiebel
ca. $^1/_2$ l Sahne
0,2 l Weißwein, trocken
Zitronensaft, Pfeffer, Salz
Petersilie
Butterschmalz, Butter
Mehl

Zubehör:
Holzspieße

Die Filets von Sehnen und Fett befreien und in ca. 4 bis 5 cm große Stücke schneiden, mit Salz und Pfeffer von allen Seiten würzen. Frühstücksspeck in der Breite der Filets auslegen. Das Fleisch draufsetzen und mit dem Speck ummanteln. Mit Holzspießen befestigen. Olivenöl und Butterschmalz in einer Pfanne erhitzen und die Fleischpäckchen kräftig anbraten. Die Fleischstücke aus der Pfanne nehmen auf ein Backblech geben und im Ofen bei 200 Grad etwa 10 Minute weitergaren. Das Fleisch sollte innen noch leicht rosa und saftig sein.
Die Champignons und die Zwiebel putzen und in Scheiben schneiden. Butterschmalz in einer hohen Pfanne oder Saucentopf erhitzen und die Zwiebeln glasig dünsten. Die Champignons dazu und anbraten. Mit Salz, Pfeffer und etwas Zitronensaft würzen. Den Weißwein angießen und einkochen lassen. Sahne dazu und alles ca. 5–10 Minuten köcheln lassen. Abschmecken und eventuell mit Mehlbutter binden.
Filets mit der Champignonrahmsauce servieren. Dazu passen Kroketten.

Rainers Tipp: **Schweinelende mit Rahmchampignons zubereiten und dazu das oscarprämierte Video „Das Boot". Und wenn der große Zerstörer auf dem Bild erscheint (Prochnow guckt durch das Sehrohr), dann Stopptaste und marinierte Dosensardinen servieren!**

rainer sass
KOCH SHOW
U28
S177
SONY

Marine Eckernförde -> S. 240/241

Kräuterbaguette Rainer Sass

Zutaten:

Baguette

Für die Kräuterbutter:
1 Packung Butter
2 Knoblauchzehen
2 Schalotten, klitzeklein gewürfelt
je 1 EL frischen
Thymian
Rosmarin
Basilikum
Kerbel
Petersilie
2 EL Olivenöl
Meersalz

Variante 2:
500 g Butter
2 Schalotten
4 Knoblauchzehen
3 EL Olivenöl
Schale 1/2 Orange
Schale 1/2 Zitrone
4 Sardellenfilets
mindestens 3 Tassen feingehackte
frische Kräuter:
Schnittlauch
Petersilie, glatt und kraus
Basilikum
Rauke oder Rucola
Brunnenkresse
Thymian
Rosmarin

Zubehör:
Alufolie

Durchgepressten Knoblauch mit den Schalotten in Olivenöl 5–6 Minuten dünsten, auskühlen lassen und mit der handwarmen Butter, Olivenöl, Meersalz und den Kräutern verrühren.

Variante 2: Schalotten, Knoblauch und Sardellenfilets in Olivenöl andünsten, bis sich die Sardellen aufgelöst haben, auskühlen lassen. Die Haut von Zitrone und Orange dünn abschälen, in feine Streifen schneiden und in kochendem Wasser 1 Minute abblanchieren, dann klitzeklein hacken. Die Kräuter säubern, von den Stielen befreien und fein hacken. Alle Zutaten mit der handwarmen Butter verrühren und evtl. mit Salz, Zitronensaft und Olivenöl abschmecken.
Das Baguette in Abständen von 5 cm einschneiden, mit Kräuterbutter dick bestreichen, richtig schön in den Einschnitt schmieren. Dann fest in Alufolie packen und für 20–25 Minuten auf den Grill legen. Nach dem Aufreißen strömt ein toller Duft durchs Gelände und macht fast süchtig.

Bouillabaisse – Marseiller Fischsuppe **Klaus Heidel**

Zutaten:

Für die Bouillabaisse:
ca. 3 kg frische Felsenfische aus dem Mittelmeer (z. B. Rascasse, Knurrhahn, Rotbarben, Seeteufel, Petermännchen usw.)
250 ml Olivenöl zum Anbraten
2 Gemüsezwiebeln
2 Fenchel
je 1 Paprika rot, Paprika gelb
4 Tomaten
1 kleine Stange Lauch
12 Knoblauchzehen
1 Zweig frischer Thymian
1 Zweig frischer Rosmarin
1 EL provenzalische Kräuter, getrocknet
1,5 l trockener Weißwein
2 l Fischfond oder Wasser
1 TL Safranfäden
ca. 1 TL Meersalz
Schale einer Orange
Salz, Pfeffer zum Würzen

Für die Einlage:
500 g Kartoffeln, in Scheiben
500 g Fischfilets als Einlage
Salz, Pfeffer

Die Felsenfische in grobe Stücke schneiden und mit dem Olivenöl in einem größeren Topf von allen Seiten gut anbraten und anrösten. Anschließend die Gemüse, gewaschen und ebenfalls in grobe Würfel geschnitten, hinzufügen und mitrösten. Die Aromaten wie Knoblauch sowie die frischen und getrockneten Kräuter dazugeben. Mit dem Weißwein und dem Fischfond ablöschen und auffüllen. Mit dem Safran, Meersalz und der Orangenschale würzen und das Ganze für 1–1,5 Stunden leicht köcheln lassen.
In der Zwischenzeit die Fischfilets vorbereiten und je nach Wunsch ganz oder in mundgrechte Stücke portionieren und mit Salz und Pfeffer würzen.
Jetzt die Bouillabaisse durch ein Sieb passieren und hierbei darauf achten, wirklich alles gut durchzudrücken, damit die Geschmacks- und Aromastoffe auch in der Suppe bleiben.
Die durchpassierte Suppe wieder auf den Herd stellen und zunächst die Kartoffelscheiben darin garen. Zum Schluss die gewürzten Fischfilets hineingeben und gar ziehen lassen. Vor dem Servieren die Suppe mit Salz und Pfeffer würzen.
Zum Anrichten zunächst die Fischfilets hineingeben und dann mit der Bouillabaisse übergießen.
Klassisch serviert man die Bouillabaisse in zwei Gängen: Zunächst werden geröstete Baguettescheiben mit Rouille bestrichen und in den Teller gegeben und mit der Bouillabaisse aufgefüllt. Beim zweiten Gang werden zunächst die Fischfilets in den Teller gelegt und dann etwas Bouillabaisse, quasi als Sauce, darüber gegeben. Die Bouillabaisse wird also einmal als Suppe und dann als Hauptgang hintereinander serviert.

Rainers Tipp: **Bei der Fischsuppe von Herrn Heidel denkt man an Italien, an die Küste, an die Fischer und ans Meer... und an Eutin. Adresse L'Étoile -> S. 252**

Krabbenfrikadellen Rainer Sass

Zutaten:

300 g Krabbenfleisch
2 Eier
2 Scheiben Toastbrot, ohne Rinde, eingeweicht und ausgedrückt
1 Bund Petersilie, gehackt
3 Stangen Frühlingszwiebeln, kleine Scheiben
Schale einer Zitrone, gerieben
2 EL Paniermehl
Salz, Pfeffer
Olivenöl, Butter
Crème fraîche

Krabbenfleisch grob hacken und mit Petersilie, Zitrone, Frühlingszwiebeln und dem eingeweichten Toastbrot vermengen, salzen und pfeffern. Frikadellen formen und in einer Mischung aus Olivenöl und Butter knusprig ausbraten. Mit einem Klacks Crème fraîche und abgeriebener Zitronenschale servieren – schreit nach Pils!

Rainers Tipp: Jan Timm, bester Koch in St. Peter-Ording. Auf in den Diekkieker! Hoffentlich hat er schon Krabbenfrikadellen im Programm. Danke, Timm!
Adresse -> S. 252

Rucola mit marinierten Nordseekrabben Jan Timm

Zutaten für 5 Personen:

5 Bund Rucola
500 g Krabben
1 rote, 1 gelbe Paprika
2 rote Zwiebeln
1 Bund Dill
1 Limone
Olivenöl
Salz und Pfeffer

Den Rucola kräftig waschen, trocknen und die harten Stängel und Blüten entfernen. Paprika und Zwiebel in kleine Würfel schneiden, Dill hacken und alles mit den Krabben in eine Schüssel geben. Olivenöl hinzufügen, alles leicht verrühren und mit Limonensaft, Salz und Pfeffer abschmecken. Den Rucola auf Tellern verteilen und die marinierten Krabben dazugeben. Mit gebutterten Baguettescheiben servieren.

Fischerfrühstück, klassisch Jan Timm

Zutaten:

1 Vollkornschwarzbrot
8 Eier
500 g Krabbenfleisch (1–1 1/2 kg ungepulte Krabben)
50g Butter
Salz, Pfeffer aus der Mühle

In einer beschichteten Pfanne ein Stück Butter langsam erhitzen. Die Spiegeleier darin vorsichtig braten. Mit Salz und Pfeffer würzen. Schwarzbrot in Scheiben schneiden mit Butter bestreichen und reichlich mit Krabben belegen. Jeweils zwei Spiegeleier auf die Krabbenbrote platzieren.

Krabbenfrikadellen -> S. 246

Adressen

Hotels

Hotel Sternhagen
Cuxhavener Straße 86
27476 Cuxhaven
Tel.: 0 47 21/43 49
www.badhotel-sternhagen.de

ARTisst
im Hotel Eichenhof
Ostendorfer Straße 13
27726 Worpswede
Tel. 0 47 92/26 77

Das weiße Haus
Südender Straße 1
26180 Rastede
Tel.: 0 44 02/32 43

Jacob's Restaurant
im Hotel Louis C. Jacob
Elbchaussee 401–403
22609 Hamburg
Tel.: 0 40/82 25 50

Restaurants

Endtenfang
im Hotel Fürstenhof Celle
Hannoversche Straße 55–56
29221 Celle
Tel. 0 51 41/20 10

Knechthausen
Bungenstraße 20-22
21682 Stade
Tel.: 0 41 41/4 53 00
Fax: 0 41 41/4 53 70
Mail: info@knechthausen.de

Zur Schleuse
Truperdeich 35
28865 Lilienthal
Tel. 0 42 98/20 25

Bistro Schmidt's
Katharinenstraße 2
28195 Bremen
Tel. 04 21/3 37 80 70

Botheler Landhaus
Hemsbünder Straße 13
27386 Bothel
Tel. 0 42 66/15 17

La Bottega Italiana
Fedelhören 102
28203 Bremen
Tel. 0421/32 13 84
Fax 0421/32 13 84
Mail:
labottegaitaliana@gourmetguide.com

Mamma Mia
Barnerstraße 42
22765 Hamburg
Tel. 0 40/3 90 03 86

Stocker
Max-Brauer-Allee 80
22765 Hamburg
Tel. 0 40/38 61 50 56

La Scala
Falkenried 54
20251 Hamburg
Tel. 0 40/4 20 62 95

Henssler & Henssler
Große Elbstraße 160
22767 Hamburg
Tel. 0 40/38 69 90 00

Geschäfte

Grashoff's Feinkostgeschäft
Contrescarpe 80
28195 Bremen
www.grashoff.de

Ziegenhof Bachenbruch
Catherine André
Bachenbrucher Str. 14
21772 Stinstedt-Neu Bachenbruch
Tel.: 0 47 56-81 25

Obsthor Ramdohr
Hollernstraße 156
21723 Hollern-Twielenfleth
Tel. 0 41 41/72 21
E-Mail: ramdohr@aol.com
www.obsthof-ramdohr.de

Knechthausen, Restaurant & Weinhandlung
Bungenstraße 20–22
21682 Stade
Tel. 0 41 41/4 53 00
Fax 0 41 41/4 53 70
E-Mail: info@knechthausen.de
www.knechthausen.de

Partyservice Waida
Johann-Ropers-Straße 9
21720 Grünendeich
Tel: 0 41 42/81 08 10
Fax 0 41 42/81 08 12
E-Mail: info@partyservice-waida.de
www.partyservice-waida.de

Fischzucht Pöpke
Dorfstraße 9
21745 Hemmoor
Tel. 0 47 71/74 97

Buchhandlung Sachse & Heinzelmann
Königsstr. 20
30175 Hannover
Tel.: 05 11/36 02 40
Fax: 05 11/32 41 67
Mail: info@sachse-heinzelmann.de
www.sachse-heinzelmann.de

Pilzgarten GmbH
Fabrikstraße 12
27389 Helvesiek
Tel.: 0 42 67/93 30

Adressen

Hotels

Altes Gymnasium
Restaurant Eucken
Süderstraße 2–10
25813 Husum
Tel.: 0 48 41/83 30
www.altes-gymnasium.de

Hotel und Restaurant
Söl'ring Hof
Am Sandwall 1
25980 Rantum/Sylt
Tel.: 0 46 51/83 62 00
www.dorint.de/sylt-rantum

Restaurant Orangerie
im Seehotel Maritim
Strandallee 73
23669 Timmendorfer Strand
Tel.: 0 45 03/6 05 24 24

Restaurants

Ich weiß ein Haus am See
Altes Forsthaus 2
18292 Krakow
Tel.: 03 84 57/2 32 73

Margaux
Unter den Linden 78
10117 Berlin
Tel.: 0 30/22 65 26 11

Café Einstein
Unter den Linden 42
10117 Berlin
Tel.: 0 30/2 04 36 32
Fax: 0 30/2 04 36 35
Mail: unterdenlinden@cafeeinstein.com

Karsten Wulff
Museumsweg 4
25980 Keitum/Sylt
Tel.: 0 46 51/3 03 00

Restaurant Stolz
Markt 24
24306 Plön
Tel.: 0 45 22/5 03 20

Restaurant Milchbar
Paul-von-Schoenaich-Str. 44
23858 Reinfeld
Tel.: 0 45 33/23 63

Kandelaber
Am Markt 15
25348 Glückstadt
Tel.: 0 41 24/93 27 77

Sansibar
Hörnumerstraße 80
25980 Rantum/Sylt
Tel.: 0 46 51/96 46 46

L' Étoile
Lübecker Landstr. 36
23701 Eutin
Tel.: 0 45 21/70 28 60
Fax. 0 45 21/70 28 61
www.letoile.de

Diekkieker
Norderdeich 2
25826 St. Peter Ording
Tel.: 0 48 63/95 50 99
Fax: 0 48 63/96 01 99

Geschäfte

Gut Deinster Mühle
Im Mühlenfeld 30
21717 Deinste
Tel.: 0 41 49/92 50

Thiele & Freese
Hinter der Halle 7-8
26703 Emden
Tel.: 049 21 / 2 51 84
Fax: 0 49 21 / 3 24 90
Mail: thieletee@t-online.de
www.thiele-tee.de

Die Räucherei
Klosterhörn 2
27419 Klein Meckelsen
Tel.: 0 42 82/10 53
Fax: 0 42 82/41 10
Mail: kunkel@die-raeucherei.de
www.die-raeucherei.de

Nobis Geflügelhof
Hochelstener Str. 11
49456 Bakum Kr. Vechta
Tel.: 0 44 46/3 50
Fax. 0 44 46/16 77

Fleischerei Gleich
Karl-Marx-Platz 9–11
12043 Berlin
Tel.: 0 30/6 87 20 04

BOS Food
Grünstraße 24c
40667 Meerbusch
Tel.: 0 21 32/139-0
Fax.: 0 21 32/139-100

Weinhaus Tesdorpf
Mengstraße 64
23552 Lübeck
Tel.: 04 51/7 99 27 23
Fax 04 51/7 07 07 26

Hof Backensholz
25885 Hof Backensholz/
Oster-Ohrstedt
Tel.: 0 46 26/3 44
Fax 0 46 26/16 65
Mail: info@backensholz.de

Impressum

Konzeption:	Rainer Sass, Olaf Gollnek
Rezepte und Texte:	Rainer Sass
Texte:	Christa Hasselhorst
Alle Fotos:	Olaf Gollnek
Foto S.241:	Trebitsch Media AV GmbH
Layout:	Artfound, Jenny Müller
Produktion:	Artfound, Roman Hochstöger
Litho:	Winkelhaken DTP Hamburg
Druck:	Jütte-Messedruck Leipzig GmbH
Lektorat:	Detlef Wittkuhn

PR-Beratung Rainer Sass:	M-Connect Hamburg
Geschirr und Requisiten:	Dibbern Bargteheide
Lizenziert von:	NDR MEDIA GmbH
Danke NDR!	

Artfound Hamburg • Ulmenstraße 23 • 22299 Hamburg

ISBN 3-930336-03-0

Im NDR-Shop oder Buchhandel erhältlich:

„Rainer kommt!"	ISBN 3-930336-54-5	19,50 €
„Kochen Hilft!"	ISBN 3-930336-03-0	19,95 €
CD „Kochen Hilft!" Musik zum Kochen	ISBN 3-930336-02-2	21,50 €